Gottesdienstpraxis

Serie A:
Arbeitshilfen für die Gottesdienste zu den Sonn- und Feiertagen des Kirchenjahres

Herausgegeben von Erhard Domay
und Horst Nitschke

Gütersloher Verlagshaus Gerd Mohn

Gottesdienstpraxis

6. Perikopenreihe

Band 3: 7. Sonntag nach Trinitatis bis Ewigkeitssonntag

Gütersloher Verlagshaus Gerd Mohn

CIP-Kurztitelaufnahme der Deutschen Bibliothek

Gottesdienstpraxis / hrsg. von Erhard Domay u.
Horst Nitschke. – Gütersloh: Gütersloher Verlagshaus Mohn
NE: Domay, Erhard [Hrsg.]
Ser. A, Arbeitshilfen für die Gottesdienste zu
den Sonn- und Feiertagen des Kirchenjahres.
Perikopenreihe 6.
Bd. 3. 7. Sonntag nach Trinitatis bis Ende
des Kirchenjahres. – 1984.
ISBN 3-579-04673-X
NE: 1. Abt.

ISBN 3-579-04673-X

Satz: IBV Lichtsatz KG, Berlin
Druck und Bindung: Ebner Ulm
Umschlagentwurf: Franz Wöllzenmüller, Oberhaching
Printed Germany

Inhalt

7. Sonntag nach Trinitatis

Predigttext: 2. Mose 16,2–3; 11–18

Klaus-Dieter Makarowski

Theologisch–homiletische Skizze

Zwischen den beiden Hauptthemen des 2. Mosebuches, der Herausführung aus Ägypten und dem Bundesschluß am Sinai, wird in Kap. 16 die Geschichte von der Mannaspeisung recht breit erzählt. Sie hat keine bloße geographische Überleitungsfunktion (vom Schilfmeer durch die Wüste zum Sinai); in ihr wird Israel vielmehr die Schöpfungsordnung der Ruhe am siebenten Tage offenbart. Dieses Thema wird in der Predigtperikope – wiewohl sie zur Darstellung dazugehört – nicht expliziert. In der Perikope wird das Murren der hungernden Israeliten in der Wüste beschrieben und die rettende Hilfe Gottes. Das Murren des Volkes entspringt dem Bewußtsein der Gefährdung. In seiner Angst vor dem Verhungern verzerrt es die Wirklichkeit (»Fleischtöpfe Ägyptens«). Angesichts aller Unsicherheit ist es bereit, die neu gewonnene Freiheit gegen die alte Knechtschaft einzutauschen. Das aber ist Selbstbetrug. Denn die Israeliten wollen in Wahrheit keine Sklaven sein. Sie wollen frei sein und menschenwürdig leben. Ihr Weg der Befreiung aber ist zunächst ein Weg durch die Wüste – in einem direkten und zugleich vielschichtigen Sinn.

Der Erfahrung der Gefährdung, in der sich der Kleinglaube des Volkes Israel offenbart, entspricht die Erfahrung der Bewahrung in der Wüste durch Gott – späteren Zeiten immer wieder zur Stärkung der Glaubensgewißheit vorgetragen. Gott ist der Bewahrer der Israeliten, damit sie erkennen, daß er ihr Herr ist (Vers 12). Gegenüber ihrem Kleinglauben und ihrer Verzweiflung werden die Israeliten auf ihr erkennendes Vertrauen angesprochen, auf die grundlegende Beziehung zu Gott, in der allein sie wirklich leben. Gott erweist sich als Bewahrer in seiner Gabe des Manna (und der einmal kurz erwähnten Wachteln). Aber er ist unverfügbar in seiner Gabe. Seine Gabe selber ist unverfügbar, denn sie wird jeweils nur für einen Tag gewährt. Sie wird jedem in gleicher Menge zuteil. In dieser sozialen und darum gerechten Aufteilung läßt sich ein Modell des Friedens erkennen. Denn »genug haben« ist eine Grundbedeutung des hebr. Wortes »schalom« (J. Ebach, Supplementband* z. Stelle). Auf diese befriedende Möglichkeit macht auch E. Fromm aufmerksam, wenn er ein garantiertes jährliches Mindesteinkommen für jeden Menschen empfiehlt und – in seiner Formulierung an Ex. 16,18 erinnernd – sagt: »Er soll nicht mehr erhalten, als zum Leben nötig ist – aber auch nicht weniger« (Haben oder Sein, S. 187).

Kennzeichnet L. Schottroff die wunderbare Errettung der Israeliten vor den Ägyptern durch das Schilfmeer (Kap. 14) als »Auszugsevangelium« (Der Sieg des Lebens, S. 12), so läßt sich die wunderbare Speisung der Israeliten in der Wüste (Kap. 16) als »Bewahrungsevangelium« verstehen. Als solches kann es ermutigen zum Exodus, zum Leben in

* (Gottesdienstpraxis. Exegesen 6. Perikopenreihe. Gütersloh 1983)

Bewußtsein von Gefährdung und Gefahr; zum Leben im Ungewohnten, zur Existenz in wüstenhaft erlebter Welt (s. Predigtanfang). Es kann ermutigen, auf dem Weg in die Freiheit, auf dem immer auch »Furcht vor der Freiheit« (E. Fromm) empfunden wird, durchzuhalten. Es spricht eine Religion und Kirche an, die selber Bewahrung und Schutz bieten, damit aber zugleich von Erstarrung bedroht sind. Als Evangelium verlockt es sie, über diese Funktionen hinauszugehen und – statt im gesicherten und vertrauten Bereich des Sakralen zu verharren – sich hinauszuwagen in die »›Wüste‹ des Profanen« (H. Flügel, Bekenntnis zum Exodus, S. 15), in der Hoffnung, daß Gott dort erscheint und vernehmbar wird. Es gibt all denen recht, die sich nach Erhaltung des Lebens und Bewahrung der Schöpfung sehnen und die – aus ihrem Glauben ethische Konsequenzen ziehend – anfangen, sich gegen alles Lebensbedrohende und Schöpfungsgefährdende zur Wehr zu setzen. Als »Bewahrungsevangelium« weist die Geschichte von der Mannaspeisung über sich hinaus auf das NT (Joh. 6,31 ff.; 1. Kor. 10,1 ff.), läßt es sich in Dienst nehmen zugunsten christologischer Aussagen. Das Wort Jesu vom Brot des Lebens (Joh. 6,35) hat sakramentalen Charakter. In einem umfassenden Sinn verweist es auf die Religiosität des Daseins überhaupt und verpflichtet zugleich dazu, die materiellen Bedürfnisse des Lebens ernst zu nehmen. Damit erfolgt der Schritt des Glaubens in die Politik. Und gerade dem ntl. geprägten Glauben ist die atl. Erkenntnis aufgetragen, daß der »Herr, euer Gott« (Vers 12 – unser Gott!) ein geschichtsmächtiger Gott ist, der die Dimension des politischen Raumes beansprucht (vgl. Ex. 6,6f.; Ex. 14).

Vorschläge für die Liturgie

Lieder

EKG 197,1–2, 5+8; Beiheft 72: 936: Menschen hungern nach Verstehen, 1–4; Kirchentagsliederheft 83: 703: Gott liebt diese Welt, 1–4+7;723: Wo ein Mensch Vertrauen gibt, 1–4.

Eingangsgebet

Herr, unser Gott, du willst uns zu unserem Leben geben, was wir brauchen. Lehr uns unterscheiden, was notwendig und was unnötig ist. Sei uns in deinem Wort und Sakrament Wegweisung und Brot im Alltag.

Lesungen

1. Kön. 19,1–8 oder Jes. 58,7–12; Joh. 6,28–35

Gebet

Gott, unser Vater, wir sind gefährdet auf wüstenhaftem Wege in wüstenhafter Zeit. Wir fühlen uns belastet und bedroht. Wir fürchten, wir könnten verlorengehen. Darum bitten wir dich: nicht, daß du uns vor Schwierigkeiten schützt, sondern daß du uns in Schwierigkeiten bewahrst; nicht, daß wir uns ziellos beklagen, sondern klagen vor dir; nicht, daß wir uns hilflos und unwissend stellen, sondern tun, was wir wissen, und wissen, was wir tun – mit der Hoffnung auf deine Hilfe.

- Laß uns erkennen, daß du wirklich unser Gott und Herr bist.
- Laß uns darauf vertrauen und froh darüber werden.
- Laß es deutlich werden in der Art und Weise, wie wir leben.
- Laß uns satt werden an Leben.
- Laß uns nicht hinnehmen, daß in der Welt gehungert und verhungert wird.
- Wecke unser Gewissen.
- Wecke unseren Protest.
- Wecke unsere Phantasie und unsere Verantwortung für diese Erde und ihre Menschen.
- Bewahre uns, bewahre deine Menschheit im Sinne deines Sohnes Jesus Christus, den du für uns zum Weg gemacht hast, auf dem wir gehen können; den du für uns zur Wahrheit gemacht hast, die wir erkennen und tun können; den du für uns zum Leben gemacht hast – damit alle Verlorenheit endet und wir das Leben finden, uns selbst finden, einander finden und in allem dich, Herr.

Vorschlag für die Predigt

Möglicher Anfang

Was Wüste ist, wissen wir, liebe Gemeinde: jene geologische Einheit, wo sandige Flächen und heiße Steinfelder wechseln; wo es trocken ist; die erhitzte Luft am Horizont flirrt; wo die Sonne brennt, und es gibt keinen Schatten; wo Hitze und Frost Gestein sprengen und Sandstürme alles Leben unter sich zudecken.
Was Wüste ist, wissen wir: Zeiten im Leben, wo wir uns einsam fühlen; im Stich gelassen; wo wir mühsam lächeln in fruchtlosem Kontakt; wo Beziehungen verdorren, Freundschaft verödet; wo es nicht weitergeht; wir uns müde dahinschleppen, ohne Richtung und Ziel; wir keine Zukunft sehen; wo wir nach Sinn hungern und nach Erfüllung dürsten; wo Langeweile uns aufzehrt und Gleichgültigkeit der Umgebung uns erstickt; wo mitten im Leben das Leben versandet.
Was Wüste ist, wissen wir: wo Flüsse und Seen umkippen und biologisch tot sind; wo die Luft vergiftet ist; wo die Wälder sterben und der Raketenwald wächst; wo mit der Bombe gedroht wird; wo die Vision einer atomverseuchten Welt Angst erzeugt und die Herzen und Sinne der Menschen schädigt. Was Wüste ist, wissen wir: wo das Vertrauen versiegt, die Hoffnung verwelkt und die Liebe leblos geworden ist – wo die Flügel Gottes keinen Schatten werfen.
Wo Wüste ist, stirbt das Leben. Darum haben die Israeliten Angst; Angst, die im Murren aggressiv überlagert ist. Darum sehnen sie sich in einer Art Selbstbetrug zurück nach den Fleischtöpfen Ägyptens, wo sie Fronarbeiter und Sklaven waren, aber wenigstens zu essen hatten – wo doch aber auch »Wüste« war. »Wollte Gott, wir wären in Ägypten gestorben!« Da wird er offenbar, ihr Selbstbetrug. Denn die Israeliten sehen nur die Alternative: entweder Tod in der Wüste oder Tod in Ägypten. Das aber ist keine Alternative. »Wollte Gott, wir wären

in Ägypten gestorben!« Nein, Gott wollte und will den Tod dieses Volkes nicht, damals nicht und heute nicht; will den Tod keines Volkes. Er schickt kein Volk und keinen Menschen in die Wüste. Er will sie in der Wüste bewahren. Seine Alternative zum Sterben heißt Leben. Das belegt diese atl. Erzählung. In ihr schlägt sich die Erfahrung eines gefährdeten Volkes nieder. Es ist eine alte Erzählung. Aber sie kann aufregend neu werden für uns. Denn sie spricht uns auf unsere Wüsten-Erfahrung an, auf die Gefährdungen unseres Alltages; spricht uns an auf unser Leben, das Leben bleiben und werden will.

Zum weiteren Verlauf
Murren der Israeliten damals – Murren heute: In der Wüste kann man still zugrunde gehen. Man kann aber auch aufbegehren wie die Israeliten. Das Aufbegehren kann Zeichen des Kleinglaubens sein. Es kann aber ebenso Ausdruck des Lebenswillens sein. Der Kleinglaube versetzt die Israeliten ins Unrecht, weil Gott sie gerade aus dem Schilfmeer vor den Ägyptern gerettet hat. Ihr Wille zum Leben aber gibt ihnen recht. Das kann uns veranlassen, Demonstranten und Protestierende in einem anderen Licht zu sehen: wer aufbegehrt, wer klagt, wer schreit, sieht sich in einer Wüste. Es sind Menschen voller Angst, voller Wut. Es sind an Leben Betrogene; Mitmenschen, die ihr Leben einklagen. Wir selber sind es – mit der Sehnsucht, daß das Leben vor dem Tode doch mehr Leben ist; daß unsere Kinder noch eine Zukunft haben. Wer hat diese Angst nicht in diesen Tagen, heimlich oder offen? Aber nur wer schreit, kann auch Gehör finden.
Der hörende Gott – Herr und Bewahrer: Und Gott hört. Gott hört das Schreien aus der Wüste; hört das Schreien der Israeliten damals. Hört er auch schon unser Schreien? Ist es schon laut genug? Ist unsere Erkenntnis, daß die Wüste um uns wächst, schon klar genug? Ist unser Wille zum Leben und der Wille, das Leben anderer Menschen wirklich zu wollen, schon genügend ausgeprägt? Gott hört. Und er verspricht den Israeliten die Bewahrung. Er verspricht sich ihnen selber. Das ist das Entscheidende, daß Gott sich den Menschen verspricht: »Ich, der Herr, bin euer Gott!« Das ist die entscheidende Botschaft unserer Tage: wir haben einen Herren, der Gott ist. Und einen Gott, der Herr ist. Herr immer noch dieser Erde. Herr auch noch über Politiker in Ost und West! Herr auch wieder über uns selber: Nicht der Gott der Börsen. Nicht der Gott der Konzerne. Nicht der Gott der Militärstrategen. Nicht der Gott der großen Männer, sondern »Der Gott der kleinen Leute« (W. Schottroff / W. Stegemann) – die unterwegs sind: abgerichtet auf ein Haben, das nicht satt macht – darum hungernd; aufgewachsen in unterkühlten Beziehungen – darum fröstelnd; aufgebrochen aus dem Land der Enge – darum in Gefahr verlorenzugehen. »Daß ich, der Herr, euer Gott bin!« Das klingt nur wie eine Formel. Aber was da mitschwingt in diesem Gott, der immer noch an den Menschen glaubt, in diesem menschlichen Gott, welche Zärtlichkeit und welcher Schmerz um den Menschen – um uns Menschen, wer kann es ermessen? Dieser Gott ist kein thronender, kein autori-

tär herrschender, sondern ein Mitziehender, Mitlagernder, Mitleidender. Er allein ist heute noch in der Lage, die Schicksale der Menschen zu begleiten (Aurel von Jüchen, in »Der Gott der kleinen Leute«, S. 16). Er allein ist heute noch in der Lage zu verhindern, daß der Aufbruch der Menschheit in ein neues Zeitalter nicht plötzlich als ein unmenschlicher Abbruch in der Wüste endet. Und so gebührt ihm allein das Vertrauen. Denn in Bomben und Raketen können wir kein Vertrauen haben. Sie bestätigen nur, daß wir noch in der Wüste sind. Sie gaukeln uns eine falsche Sicherheit vor. Sie schwächen unser Vertrauen. Sie verführen uns, uns im Mißtrauen einzunisten.

Bewahrung heute: Vertrauen – wirklich vertrauen! – können wir nur dem Gott, der uns in wüstenhafter Zeit erscheint und bei uns bleibt

- als Ermutigung, in der Wüste des Nicht-Verstehens und Aneinander-Vorbeiredens nicht aufzugeben;
- als Geist gewaltfreien Widerstandes gegen eine wüstenhafte Ausbreitung menschheitsbedrohender Rüstung;
- als Widerspruch gegen eine Kirche (gegen uns selber), die sich selbst immer noch zur Harmlosigkeit verurteilt und ihre wüstenhafte Leere beklagt;
- als Stolz, daß wir Christi Namen tragen. Und Christus war auch in der Wüste. Aber er holte sich nicht den Tod. Er bekam Kraft in der Wüste;
- als Fähigkeit zum Mit-Leiden; als Fähigkeit, fremdes Leid an uns heranzulassen und in der Wüste des Lebens mitzutragen;
- als Einsicht, daß wir im Angesicht wachsender Wüsten selber zur Bewahrung der Schöpfung beauftragt sind;
- als wachsende Bereitschaft, auf zunehmend wüstenhaftem Wege miteinander zu teilen: den Arbeitsplatz, die Zeit, das Brot, Erfahrungen des Lebens: Deutsche mit ausländischen Gastarbeitern, Alte mit Jungen, Eltern mit ihren Kindern.

So ist Gott bei uns und mit uns. So gibt er sich zu erkennen. So können wir erkennen, daß er uns darin bereits bewahrt. So werden wir satt. So können wir am Abend Ruhe finden und am Morgen Leben (Wachteln und Manna). *Murren mit Gott für den Menschen:* Darum bleiben wir aber ruhelos, weil nicht alle genug zum Leben haben. Darum sorgen wir uns, weil das Sterben großgeschrieben wird. Darum leiden wir darunter, daß in 4 Stunden weltweit 500 Millionen DM für die Rüstung ausgegeben werden, zugleich aber 7000 Kinder verhungern. Darum murren wir und hören nicht auf zu murren in der Wüste – mit Gott, für den Menschen. Kann sein, daß unser Murren in den Ohren der Regierungen zu Brot für die Welt wird. Damit alle haben, soviel sie zum Essen – zum Leben! – brauchen. Wo das geschieht, verdient Gerechtigkeit ihren Namen, hat der vielbeschworene Friede angefangen.

Schluß

Wir wissen, was Wüste ist, liebe Gemeinde, diese Landschaft des Todes. Wir wissen, was in und um uns Wüste ist, diese Landschaft zum Tode. Wir können aber auch wissen, wie die Wüste weicht: durch vertrauensvolles Leben, so daß eine neue Landschaft wächst. »Wo« nämlich »ein Mensch Vertrauen gibt, fällt ein Tropfen von dem Regen, der aus Wüsten Gärten macht«.

Kontext

Die Wüste

Sie pfeift / auf den Trost der Bäume / Dem / der doppelt elend ist / vermacht sie / testamentarisch / Luftschlösser.
Manna / regnet's nicht / wer behauptet / zwölf Körbe seien übrig / war woanders / Hier / darf geweint werden / Tropfen auf den / heißen Stein.
Wenn es sie nicht gäbe / müßte ich sie erfinden / damit ich im Dürsten / bewandert bleibe / und mein Löwenmut / schleichen lernt.
(Eva Zeller, Auf dem Wasser gehn, S. 24)

8. Sonntag nach Trinitatis

Predigttext: Römer 6,19–23
Peter Weigandt

Theologisch-homiletische Skizze

Der 8. Sonntag nach Trinitatis ist endlich einmal ein Sonntag, dessen sechs Predigttexte auf verschiedenen Ebenen gut zusammenstimmen – und das, obwohl er völlig neu »perikopiert« wurde. Denn die jetzigen Perikopen verteilten sich in der alten Ordnung über fast das ganze Kirchenjahr, von Epiphanias über den 7., 14. und 16. bis hin zum 23. Sonntag nach Trinitatis. »Von der Lebensführung eines Christenmenschen« oder ähnlich könnte das Thema dieses Sonntags lauten. Das hat etwas mit Licht und mit neuem Leben zu tun, in vielfältigen Brechungen und Beziehungen. Daß all dies eng mit der Taufe zusammenhängt, signalisiert uns Römer 6. Denn über Röm. 6,19–23 läßt sich schwerlich ohne einen Blick auf den Rest des Kapitels predigen. Also ist im Gottesdienst am 8. Sonntag nach Trinitatis auch das Thema Taufe anzusprechen. Ist die Taufe als vorausgehender Indikativ doch Voraussetzung und Ermöglichung meines Lebens als Christ und damit auch des Imperativs. Die in der neuen Ordnung der Predigttexte für diesen Sonntag vorgeschlagenen Perikopen machen den 8. Sonntag nach Trinitatis geradezu zu einem Taufsonntag. Wie schade, daß er in der Regel in die großen Ferien fällt, wenn die halbe Republik im Urlaub ist. Aber auch ohne konkreten Anlaß schadet es nicht, sich und der Gemeinde wieder einmal die eigene Taufe in Erinnerung zu rufen.

Die Schlußfolgerungen, die Paulus aus seinen Gedanken über die Taufe zieht, umkreist er in den drei kleinen Abschnitten Römer 6,12–14, 6,15–18 und 6,19–23 im Wechsel zwischen Indikativ und Imperativ – alles letztlich rückbezogen auf die Summe, die er in 6,11 zieht: Getaufte, also Christen, sind für die Sünde tot und leben für Gott in Christus Jesus. Ziel des letzten Abschnittes aus Römer 6, unseres Predigttextes, ist Vers 22: »Ihr bringt eure Frucht ...« Was Paulus offenkundig Schwierigkeiten macht – »wegen der Schwachheit eures Verständnisses will ich in einem Bild aus dem menschlichen Leben reden« (Vers 19) –, ist die Verborgenheit des neuen Lebens, das Gott uns in der Taufe schenkt. Und eben diese Verborgenheit bringt auch uns immer wieder in Verlegenheit, macht uns unsicher, ja gleichgültig. Denn wie läßt sich verwirklichen, daß »auch wir in einem neuen Leben wandeln sollten« (Röm. 6,4b)? Da ist es gut, wenn Prediger und Predigthörer sich vergewissern, daß die Verborgenheit des neuen Lebens, also des Indikativs, immer wieder Aufmunterung zum Vollzug des neuen Lebens braucht, also zum Imperativ – freilich nie losgelöst von der Zusage des neuen Lebens in Christus. Oder mit einem Satz Günther Bornkamms gesagt: »Die Taufe ist die Zueignung des neuen Lebens, und das neue Leben ist die Aneignung der Taufe« (G. Bornkamm: Taufe und neues Leben. In: Das Ende des Gesetzes. München 1952. S. 50). Dieser Satz, etwas »achtergewichtet«, ist mein Thema des Gottesdienstes am 8. Sonntag nach Trinitatis, mit dem ich Mut machen möchte, sich nicht entmutigen zu lassen und gleichgültig zu werden, wenn es so aussieht, als würde sich trotz unserer Mühen nichts bewegen.

Vorschläge zur Liturgie

Lieder

EKG 230,1–7; 205,1–3.5; 233,1.3–5.7; 233,8 oder 139,1

Psalm

Psalm 27,1.7–9.13f. oder 36,6–10 oder 48,2–3a.9–11

Bittruf

Herr, wir wollen am liebsten gleich Ergebnisse sehen und wagen deshalb oft nicht den Anfang. Statt Gelegenheiten beim Schopf zu packen, an denen wir die von dir geschenkte Liebe weitergeben können, gehen wir vorüber. Vergib uns und laß uns heute nicht an dir vorübergehen. Komm wieder zu uns mit deinem Wort, tröste uns und mache uns Mut. Wir bitten dich ...

Lobpreis

Ihr seid das Licht der Welt. Es kann die Stadt, die auf einem Berge liegt, nicht verborgen bleiben. Einst waren wir Finsternis. Aber Gottes Licht macht uns zum Licht für die Welt. Darum lobt Gott und singt ...

Kollektengebet

Herr, laß uns ruhig werden und hören, was du uns sagst. Dann wird dein Wort uns leuchten durch Jesus Christus ...

Schriftlesung

Jesaja 2,1–5 oder Matthäus 5,13–16

Gebet

Herr, mache uns bereit für dich, auch wenn wir uns sträuben, wenn wir deinen Ruf lieber überhören, wenn dein Wort uns gleichgültig läßt. Mache uns bereit für dich, auch wenn wir unaufmerksam werden, wenn uns der Alltag müde macht, wenn die Sorgen von gestern und die Gedanken an morgen uns niederdrücken. Mache uns bereit für dich, auch wenn wir uns schämen müssen, weil unsere Liebe klein und unsere Schuld groß ist, wenn wir nachtragen, obwohl du uns vergeben hast, wenn wir aufgeben, weil wir wieder einmal nur Samen statt Frucht bekommen.
Herr, mache uns hellhörig für dein Wort, daß wir es aus den vielen Worten unserer Tage heraushören. Mache uns zu Glaubenden, wenn wir nicht mehr glauben können, und zu Hoffenden, wenn wir nicht mehr zu hoffen wagen. Mache uns zu Friedenstiftern, wo uns Haß und Feindschaft begegnen. Laß uns die Liebe, die wir empfangen haben, mit vollen Händen weitergeben.
Herr, laß den Geist Jesu Christi unter uns herrschen und nach ihm leben. (Nach: K. Bannach u. G. Raff: Gemeinsam vor Gott. Gütersloh 1974. S. 86.)

Predigtvorschlag

Ich möchte Ihnen eine Geschichte erzählen: »Drei Frauen kommen an einen Brunnen, um Wasser zu schöpfen. Sie sprechen von ihren Söhnen. ›Meinen Sohn solltet ihr singen hören‹, sagt die erste, ›das tönt so schön, als wenn eine Nachtigall singt.‹ Die zweite sagt: ›Mein Sohn ist stark und schnell. Er wirft einen Stein fast bis zu den Wolken und fängt ihn wieder auf.‹ Die dritte schweigt. Da fragen die anderen: ›Und dein Sohn?‹ – ›Was soll ich erzählen‹, sagte sie. ›Mein Sohn ist ein junger Bursche wie andere auch.‹ Die Frauen machen sich auf den Heimweg. Die Sonne brennt, die Wassereimer werden immer schwerer. Da kommen ihnen drei junge Burschen entgegen. Der erste singt schön wie eine Nachtigall. Der zweite wirft einen Stein bis fast zu den Wolken und fängt ihn wieder auf. Der dritte läuft zu seiner Mutter und nimmt ihr den Eimer ab.
Ein alter Mann hat alles mit angesehen. Eine der Frauen fragt ihn: ›Nun, was sagst du zu unseren drei Söhnen?‹ – ›Drei Söhne?‹ sagt der Alte, ›ich sehe nur einen.‹ «
(Nach: L. Tolstoi: Die drei Söhne. In: Die Blumen des Blinden. Hg. v. L. Graf u. a. München 1983. S. 96f.)

Wer von uns möchte das nicht können: Wie der eine Sohn ganz unbeschwert von langem Überlegen einfach dort zupacken, wo's not tut, einfach das Richtige tun. Das ist doch selbstverständlich, werden wir jetzt sagen wollen, das tun wir doch oder versuchen es wenigstens.
Wenn es so wäre, dann müßte die Welt ganz anders aussehen. Sie müßte einem Paradies viel ähnlicher sein als unsere von Hunger und Arbeitslosigkeit, von Kriegen und Bürgerkriegen überzogene, von uns Menschen verschmutzte und mißhandelte Welt.
Was mögen die Ursachen sein?

Ich will Ihnen noch eine Geschichte erzählen: »Ein junger Mann betrat einen Laden. Hinter der Ladentheke sah er einen Engel. Hastig fragte er ihn: ›Was verkaufen Sie, mein Herr?‹ Der Engel antwortete ihm freundlich: ›Alles, was Sie wollen.‹ Der junge Mann sagte: ›Dann hätte ich gerne: das Ende aller Kriege und Bürgerkriege in der Welt; immer mehr Bereitschaft, miteinander zu reden; die Beseitigung der Elendsviertel in den Ländern der Dritten Welt; die Abschaffung der Arbeitslosigkeit; Ausbildungsplätze für alle Jugendlichen; mehr Zeit der Eltern, um mit ihren Kindern zu spielen; und, und ...‹ Da fiel ihm der Engel ins Wort und sagte: ›Entschuldigen Sie, junger Mann! Sie haben mich mißverstanden. Wir verkaufen hier keine Früchte. Wir verkaufen nur den Samen.‹ «
(Nach: Wir verkaufen nur den Samen. In: Die Blumen des Blinden ... S. 167)

Könnte es so sein: Wir verzichten darauf, den Samen zu säen, weil wir die Früchte nicht sofort bekommen? Könnte es sein, daß wir nicht zupacken, weil wir meinen, keine Wirkung zu sehen? Es tut sich doch nichts – also machen wir weiter wie bisher. Oder hätten wir durch unser Tun auf unserer Erde je etwas geändert? Gibt es etwa durch unser Tun weniger Hunger, mehr Gerechtigkeit, keinen Krieg? Ich denke, es bleibt alles beim alten, weil wir in jenem Laden, in dem der Engel hinter dem Ladentisch steht, keine ausgereifte Frucht, sondern nur Samen bekommen.

Und damit sind wir schon mitten in der Sache. Wir Christen sind getauft. Manchmal vergessen wir das. Aber die meisten von uns haben die Taufe als Säugling über sich ergehen lassen und sie dann als Konfirmanden eher gleichgültig bestätigt. Und das war's dann. Natürlich gibt es Ausnahmen. Aber die bestätigen nur die Regel. Wissen wir noch, worauf wir uns mit Taufe und Konfirmation eingelassen haben?

Lassen wir uns vom Apostel Paulus etwas Nachhilfeunterricht geben. Er äußert sich im 6. Kapitel seines Römerbriefes zum Thema »Lebensführung eines getauften Christenmenschen«:

»Wegen der Schwachheit eures Verständnisses will ich in einem Bild aus dem menschlichen Leben reden: Wie ihr eure Glieder in den Dienst der Ureinheit und Gesetzlosigkeit gestellt hattet zu immer neuer Gesetzlosigkeit, so stellt jetzt eure Glieder in den Dienst der Gerechtigkeit zur Heiligung. Denn als ihr Knechte der Sünde wart, da wart ihr frei gegenüber der Gerechtigkeit. Welche Frucht hattet ihr damals? Dinge, deren ihr euch jetzt schämt. Denn sie führen zum Tod. Jetzt aber, da ihr von der Sünde befreit und Gottes Knechte geworden seid, bringt ihr eure Frucht für die Heiligung, und das führt zum ewigen Leben. Denn der Lohn der Sünde ist der Tod; die Gabe Gottes aber ist das ewige Leben in Christus Jesus, unserm Herrn. [Lutherübersetzung von 1975, z. T. geändert.]

Was Paulus schreibt, hat es meistens in sich. Das ist auch hier so. Aber ich denke, wir werden dem schon auf die Spur kommen.

Es geht also um die Frucht, um das, was der Engel im Laden dem jungen Mann nicht verkaufen wollte – oder konnte. In Sachen »Frucht« stellt Paulus zwei Behauptungen auf:

1. Früher, vor der Taufe, sind die jetzigen Christen Knechte der Unreinheit und der Gesetzlosigkeit gewesen. Das ist starker Tobak. Denn das heißt: Sie haben ein ausschweifendes Leben geführt, öfter mal fünf gerade sein lassen und auch weit Schlimmeres getan. Und die Frucht, die sie gebracht haben: Darüber sollte nicht geredet werden, sonst müßten die Betroffenen sich in Grund und Boden schämen. Wo man unter diesen Umständen nur landen kann, ist klar: im Tod, in der endgültigen Trennung von Gott. Denn die Sünde – das ist die Macht, die uns immer wieder von Gott trennen will – zahlt ihren Lohn, den Lohn, den ein Knecht verdient, der so handelt.

2. Das hat sich aber seit der Taufe alles geändert. Denn mit der Taufe haben sich ja die Christen der Gerechtigkeit bedingungslos als Knechte zur Verfügung gestellt. Damit sind sie nicht mehr von der Sünde abhängig, sondern nur noch

von Gott. Deshalb bringen sie jetzt Frucht, von der sie leben und zur Heiligung gelangen. Damit will Paulus sagen, daß Gott mit der Taufe neues Leben schenkt und daß es nun nicht mehr schwer ist, so zu leben, wie es vor Gott gut ist. In seinem ersten Brief an die Thessalonicher versucht Paulus, diese neue Art zu leben so zu beschreiben: Mann und Frau leben als liebende Partner miteinander; wir überlassen uns nicht unseren Leidenschaften; wir geben anderen Menschen keinen Anstoß an unserer Lebensführung; wir lieben die Menschen um uns herum – nehmen zum Beispiel wie in der Geschichte von den drei Söhnen der Mutter den Wassereimer ab. Am Ende, so fährt Paulus fort, winkt uns als Ziel die ewige Gemeinschaft mit Gott – nicht als uns zustehender Lohn, sondern als Geschenk, einfach so.

Das hört sich alles ganz schön an. Aber wir werden Paulus entgegenhalten müssen: Die erste Behauptung kann uns eigentlich gar nicht treffen. Denn wir hatten bis zu unserer Taufe in der Regel schon aus Zeitmangel gar keine Gelegenheit, als Knechte der Sünde zu leben. Was sollten wir denn in unseren ersten Lebensmonaten groß angestellt haben?

Also träfe auf uns allenfalls die zweite Behauptung zu. Aber wenn wir unser Leben ansehen, so wie wir es bisher geführt haben, dann müssen wir feststellen: Obwohl wir getauft sind, trifft die erste Behauptung des Paulus doch auf uns zu, wenn auch vielleicht nicht ganz, so aber zu einem erheblichen Teil. Denn wir leben ganz schön oft so, als wären wir nicht getauft.

Was ist mit uns los?

Sind wir von der Macht der Sünde Befreite und doch nicht frei? Ist also der ganze Gedankengang des Paulus auf Sand gebaut – ein kräftiger Schauer, und alles ist weggeschwemmt? Wir machen doch immer wieder die Erfahrung, daß wir leben, als sei alles beim alten, als sei die Taufe ohne jede Wirkung. Daraus spricht, daß wir uns offenbar nicht einig sind, wer unser Herr ist, wer bei uns das Sagen hat. Paulus sagt: Das ist Gott. Wir haben vielmehr das Gefühl: Es ist das, was Paulus Sünde nennt.

Wie kommt das?

Paulus sieht es so: Die Sünde – also das, was uns immer wieder gegen Gottes Gebote handeln läßt – die Sünde hat zwar keine Macht mehr über uns, wenn wir getauft sind. Aber wir haben die Freiheit, uns zu ihr zu halten – so wie Paulus auch den Nichtgetauften die Freiheit einräumt, sich zu Gott zu halten. Letzteres gelingt offenbar nicht, ersteres dafür um so besser, jedenfalls was uns betrifft. Denn wir leben ja äußerlich immer noch in einer gegenüber früher unveränderten Welt.

Wie ist das nun wieder zu verstehen?

Vielleicht kann die gegenwärtige politische Situation unseres Bundeslandes Hessen uns helfen, Paulus besser zu verstehen: Unsere derzeitige Landesregierung ist zwar noch im Amt, hat aber – etwas vereinfacht gesagt – keine Macht mehr. Denn ihr fehlt die parlamentarische Mehrheit. Sie kann zwar noch verwal-

ten, aber nicht mehr regieren. Und mit dem Tag, an dem im Herbst der neue Landtag einen neuen Ministerpräsidenten wählt, mit dem Tag ist auch ihre Amtszeit endgültig abgelaufen. Für unsere Lage, wie Paulus sie sieht, besagt das: Es ist nach außen nicht sichtbar, daß wir getauft sind, also jetzt schon in Gottes Machtbereich leben, ein neues Leben haben, wie Paulus sagt. Denn die Amtsperiode der Sünde ist noch nicht abgelaufen, obwohl ihr Ende feststeht. Sie kann also nur noch verwalten, aber nicht mehr regieren, und das heißt; Sie kann uns nicht mehr beherrschen. Aber sie ist eben noch im Amt.
Also: Wir sind getauft. Mit der Taufe ist uns neues Leben *zu*geeignet, auch wenn es jetzt noch nicht offen sichtbar ist. Es kommt nun darauf an, daß wir uns das neue Leben *an*eignen, also von der Taufe Besitz ergreifen, damit Ernst machen, daß wir getauft sind. Getauft sein heißt nicht: Hurra, wir haben es geschafft! Sondern es heißt: Wir haben die Kraft, es zu schaffen, weil Gott uns diese Kraft geschenkt hat. Es gibt nun nichts mehr, das uns wirklich hindern kann, es dem einen Sohn aus der Geschichte von den drei Söhnen gleich zu machen. Paulus ermutigt uns, es zu tun. Er sagt: »Ihr bringt eure Frucht.« Gelegenheiten, Mut zu zeigen und Frucht zu bringen, bietet uns der Alltag mehr als genug, in Wort und Tat. Rückschläge brauchen uns nicht zu entmutigen. Denn wir wissen, daß wir nicht gleich ausgereifte Früchte bekommen, sondern erst einmal Samen aussäen müssen. Die Welt, in der wir leben, können wir nicht ändern. Das ist sicher bedrückend. Aber wenn wir das neue Leben, das uns Gott in der Taufe geschenkt hat, annehmen, es uns aneignen, dann ändern wir uns. Und wenn wir uns ändern, ändert sich die Welt.
Ist Gottes Geschenk nicht viel zu schade dafür, daß wir es in eine stille Ecke abstellen und es dort verstauben lassen? Darum laßt uns, wie wir es vorhin vom Propheten Jesaja gehört haben, darum laßt uns wandeln im Licht.

Kontexte

Manchmal stehen wir auf / Stehen wir zur Auferstehung auf / Mitten am Tage / Mit unserem lebendigen Haar / Mit unserer atmenden Haut.
Nur das Gewohnte ist um uns, / keine Fata Morgana von Palmen / Mit weidenden Löwen / Und sanften Wölfen.
Die Weckuhren hören nicht auf zu ticken / Ihre Leuchtzeiger löschen nicht aus. Und dennoch leicht / Und dennoch unverwundbar / Geordnet in geheimnisvolle Ordnung / Vorweggenommen in ein Haus aus Licht.
(M. L. Kaschnitz: Auferstehung. In: Seid nicht so sicher. Gütersloh 1979. S. 73f.)

Die ihre Häuser ohne Fenster bauen / Kein Lichtschein nachts / Weil Lichtschein Gefahr bedeutet / Die ihre Ohren verstopfen / Ihre Augen nach innen drehen / Weil Sehen und Hören / Gefahr bedeutet / Die nicht ja sagen nein sagen / Weil Jasagen Neinsagen Gefahr bedeutet / Sie bleiben am Leben.
(M. L. Kaschnitz: Vorsicht. A.a.O. S. 80)

Sinnlos / Weizenkörner / auf den Asphalt / zu streuen / das weiß ich / inzwischen aber / im Asphalt zeigen sich / manchmal kleine Risse / dabei ist es nur / dieses weiße / eingerollte / Löwenzahnblatt.
(G. Michel: Kleine Risse. In: Rufe. Religiöse Lyrik der Gegenwart I. Hg. v. E. Domay u. a. Gütersloh 1979. S. 51)

Hingewiesen sei auch auf G. Hänisch: Werner Kunath ... A.a.O. S. 24.

9. Sonntag nach Trinitatis

Predigttext: 1. Petrus 4, 7–11
Klaus Peter Edinger

Theologisch-homiletische Skizze

Es ist erfrischend und ermutigend – man spürt gleichsam den Geist wehen und erfährt die Nähe zu Pfingsten – wie hier Eschatologie und Ethik, Hoffnung und Handeln miteinander verknüpft sind, zusammen gehören, eine Einheit bilden. Dabei wird die Eschatologie – wenn auch nur in einem Halbsatz erwähnt – nicht, wie wir das oft erfahren müssen, zur Vertröstung, sondern zum wirklichen Trost und die Ethik wird nicht zur bloßen Moral oder zum blinden Aktionismus, der leicht ins genaue Gegenteil umschlagen kann.
Die Auseinandersetzung, ob hier eine Taufliturgie vorliegt oder nicht, kann getrost in den Hintergrund treten. Auf jeden Fall ist es eine schwerwiegende Verkürzung, wollten wir Vers 7a nur als Hinweis auf das Ende des Gottesdienstes verstanden wissen. Es geht hier sicherlich weniger um die Liturgie und die Deutung eines Tauf-Gottesdienstes als vielmehr um die Bewährung in der Taufwirklichkeit. Denn im Blick auf das Ende aller Dinge oder – wie wir télos auch und treffender übersetzen dürfen – im Blick auf das Ziel kann es leicht zu Mißverständnissen kommen. Zum einen kann vor lauter Zielgerichtetsein der Weg zum Ziel vernachlässigt werden. Beispiele dafür gibt es bereits im NT, etwa in der Auseinandersetzung des Apostels Paulus mit den Schwärmern in Korinth (1. Kor. 4,8; 6,12; 10,23f). Durch bloßen Enthusiasmus aber läßt sich, wie man an dem Beispiel zeigen kann, das ersehnte Ziel nicht erreichen. Umgekehrt kann vor lauter Auseinandersetzung auf dem Weg das Ziel aus den Augen verloren gehen. Wir haben hier die einsetzende Christenverfolgung mitzubedenken, die für viele Leiden mit sich brachte und irgendwo die Frage auftauchen ließ, ob es sich noch »lohnt«, auf dieses Ziel zuzugehen. Ob der Preis dafür nicht zu hoch ist? Manche Ausleger sehen die Absicht dieses Briefes denn auch in dem Trost angesichts der Verfolgungen (z. B. D. Henke, Predigtstudien II, 2, 1974, S. 82–85).
Die Enthusiasten mahnt der Verfasser, nüchtern und besonnen zu sein und nicht die Gegenwart mit ihren Aufgaben und Pflichten zu vergessen. Im Gebet kommt das in besonderer Weise zum Tragen, wo zwar alles von Gott erwartet wird, dies aber zugleich zum eigenen Handeln ermutigen und über das eigene Handeln Rechenschaft ablegen soll.
Wie eng Eschatologie und Ethik zusammengehören, das wird an der Mahnung zur Liebe deutlich: Die Zukunftshoffnung macht die Begegnung in Liebe nicht nebensächlich oder gar überflüssig, sondern besonders dringlich. Die Gastfreundschaft darf als besondere Form der Liebe verstanden werden, wenn man Liebe als Schenken versteht, ohne ans Empfangen zu denken, oder wie es Antoine de Saint-Exupéry formuliert: »Wirkliche Liebe beginnt, wo keine Gegengabe erwartet wird.« Vor allem umherziehende Apostel waren auf die Gastfreundschaft in den Gemeinden angewiesen. Der Zusatz »ohne Murren« läßt auf einigen Unwillen gegen solche Freigiebigkeit schließen.

Schließlich werden die Enthusiasten darauf hingewiesen, daß keiner von ihnen Grund hat, sich in ein besseres Licht zu rücken: Alle haben sie teil an den von Gott geschenkten Gnadengaben.
Auf der anderen Seite ermutigt der Verfasser die Resignierenden, indem er sie auf diese Gnadengaben hinweist. Darauf dürfen sie sich berufen.
Wie viel oder wie wenig trauen wir uns heute solche Gnadengaben zu? Die Gabe der Rede aus Eingebung oder die Gabe des von Gott getragenen Dienstes in der Gemeinde? Wie schnell sehen wir da andere Interessen im Spiel, bei uns selbst oder bei anderen; etwa um das eigene Ansehen zu heben, dann wird aus dem Dienen allzu leicht ein Verdienen. Oder aber um andere, z. B. rein politische Ziele zu verfolgen, dann wird Predigt allzu leicht zur Propaganda. Wenn dabei doch wieder stärker ins Bewußtsein gerufen werden würde, daß wir allein Gottes Interesse zu vertreten haben, nämlich ihn zu verherrlichen durch Jesus Christus! Der Ruf zum Gebet und zur Liebe gilt auch den Resignierenden, denen der Blick auf das Ziel verstellt ist. Denn durch das gemeinsame Gebet und die tätige Liebe zueinander wird etwas erfahrbar von dem verheißenen Ende.
Die Ergänzung in Vers 8 will das besonders verdeutlichen. Sicher ist mit Bezug auf Spr. 10,12 nicht an das Zudecken der eigenen Sünden gedacht, sondern daß durch die Liebe die Sünden der anderen zugedeckt werden. Denn wo Schuld zugedeckt wird, da wird sie erstickt und wuchert nicht weiter.
Hoffnung geschieht also nicht nur über das Wort und den Verstand, sondern Hoffnung wächst aus dem Miteinander-leben.
So entsteht ein Kreislauf: das verheißene Ziel ermutigt zum Handeln in tätiger Nächstenliebe, der Umgang in der Liebe läßt das verheißene Ziel erfahrbarer, konkreter werden. Deshalb sollte man nicht von Naherwartung, nicht von Erwartung der Nähe sprechen, sondern besser von Erfahren der Nähe, Naherfahrung. Eschatologie und Ethik, Hoffen und Handeln gehören unmittelbar zusammen und lassen sich nicht voneinander trennen. Wenn es in der Predigt gelingt, beide Seiten zu ihrem Recht kommen zu lassen und in ihrer gegenseitigen Beziehung zueinander darzustellen, dann wird in dem Gottesdienst etwas erfahrbar werden von dem Geist des Pfingstwunders.

Vorschläge zur Liturgie

Eingangsgebet

Allmächtiger, ewiger Gott! Wir danken dir, daß du uns in deine Gemeinschaft gerufen hast. Erhöre deine Gemeinde, die auf dich wartet. Mache uns bereit, deinen Geist zu empfangen und nach deiner Verheißung zu leben. Nach deiner Verheißung, die uns Mut macht, in dieser Welt zu wandeln und zu wirken. Das bitten wir dich durch Jesus Christus, deinen Sohn, unseren Herrn. Amen.

Lesung

Jer. 31,31–34

Fürbittengebet

Herr, unser Gott, du hast uns deine Verheißung geschenkt. Du hast uns ein Ziel vor Augen gestellt, dein Reich soll Wirklichkeit werden in dieser Welt. Und du hast uns auf den Weg zu diesem Ziel berufen. Wir dürfen getrost sein, daß wir nicht allein sind. Denn einer ist diesen Weg bereits gegangen. Dein Sohn hat dieses Ziel erreicht, und er will uns alle zu sich ziehen. Wir dürfen getrost sein, daß wir nicht allein sind. Denn da sind andere, die mit uns gehen. Da ist deine Gemeinde, die unterwegs ist. Miteinander werden wir nicht vom Wege abkommen, wenn wir aus deiner reichen Gnade leben. Wenn wir uns nicht auf unsere eigenen Pläne berufen, uns nicht selbst unsere Ziele stecken, sondern uns von dir leiten lassen. Wenn wir das nicht zu unserem eigenen Ruhm und zu unserer eigenen Ehre tun, sondern um dich zu loben und zu preisen. Herr, es sind so viele, die nicht mehr weiter wissen. Weil sie den Mut verloren haben, weil sie nur Ablehnung und Gleichgültigkeit, aber keine Liebe erfahren. Gib uns Kraft, daß wir die nicht im Stich lassen, die unsere Hilfe brauchen. Und wenn wir selbst einmal mutlos geworden sind, dann laß deinen Geist in uns wirken, der unserer Schwachheit aufhilft. So wollen wir, die wir unterwegs, auf dem Wege sind, miteinander bitten, daß deine Zukunft unter uns Wirklichkeit werde, daß dein Reich zu uns komme. Amen.

Liedervorschläge
246 – vor allem Vers 8; 217,5+7; Liebe ist nicht nur ein Wort (Liederheft zum Kirchentag in Hamburg 1981, Nr. 77) Vers 1–3.

Vorschläge zur Predigt
Möglicher Anfang
»Das Ende aller Dinge ist genaht« – Verheißungen wie diese, liebe Gemeinde, die Verheißung eines baldigen Endes dieser Welt und die Hoffnung auf eine neue, bessere Welt haben Menschen zu allen Zeiten bewegt und ihr Leben danach ausrichten lassen.
Wie viele sahen sich schon am Ziel! Wie oft aber ist diese Hoffnung nicht in Erfüllung gegangen, das erwartete Ende ausgeblieben! Überschäumender Enthusiasmus und tiefe Resignation liegen da nahe beieinander.
Wie auf einer Gratwanderung grenzt sich der Verfasser unseres Briefes gegen solche Mißverständnisse, die gleichsam den Abgrund bedeuten, ab: er wendet sich zum einen an die Enthusiasten, die vor lauter Freude und Überschwang alles liegenlassen, für die alles Irdische gleichgültig geworden ist. Die ruft er zur Nüchternheit und Besonnenheit. Hoffen und Handeln, Erwartung und Engagement gehören zusammen. Hoffnung ersetzt nicht das Handeln, Erwartung verleitet nicht zur Passivität.
Und auf der anderen Seite spricht er die mutlos Gewordenen, die Resignierten, an. Die erinnert er an die mannigfaltige Gnade Gottes und ruft sie auf, diese Gnadengaben treu zu verwalten.

Zum weiteren Verlauf

1. Wie leicht kommt man vom Wege ab!

Wie oft sind im Laufe der Kirchengeschichte Christen und Gemeinden und Kirchen von diesem schmalen Pfad abgekommen, haben sich zu sehr nach der einen Seite geneigt, haben vor lauter Enthusiasmus und Schwärmertum das Irdische vergessen, den Boden unter den Füßen verloren. Wo jede Form von Organisation und Gemeindeaufbau gefehlt hat, da mußte sich ihr Weg in der Geschichte bald verlieren. Auf der anderen Seite – und dahin neigen wir heute wohl eher – wie viele haben das Gleichgewicht zwischen Hoffnung und Ernüchterung verloren, kannten nur noch das Irdische, sind aufgegangen in den Sachzwängen, in bloßer Organisation, haben vor lauter Form den Inhalt vergessen, sind erstarrt, stehengeblieben, als Gemeinde angewurzelt statt aufgebrochen, als Kirche verwachsen mit der Umgebung, mit der Zeit, als Kirche verwachsen mit dem Land, Landeskirche. Aber wer so stillsteht, dem wird leicht schwindlig und der muß aufpassen, daß er nicht jäh in einen hoffnungslos tiefen Abgrund stürzt.

2. Der Verfasser des Petrusbriefes will uns davor bewahren abzustürzen. Dieses Bild von einer Gratwanderung läßt sich weiter ausbauen: Abstürzen aber wollen wir nicht, denn wir haben da doch einen Weg vor uns, einen Weg, der zu einem Ziel führt.

Es ist gut, wenn wir dieses Ziel vor Augen haben, damit wir die Richtung nicht verfehlen, und ohne Ziel kommt man leicht ab vom rechten Weg. Aber umgekehrt dürfen wir vor. lauter Ziel nicht unseren Weg aus den Augen verlieren, müssen wir auf unsere Füße schauen, unsere Schritte genau bedenken, sonst kommt es leicht zu einem Fehltritt, der schwerwiegende Folgen haben kann.

3. Auf diesem Weg sollen wir gute Haushalter der mancherlei Gnade Gottes sein. Damit wir als wanderndes Gottesvolk gut gerüstet sind und nicht vom Weg abkommen, nicht die Richtung verlieren, erinnert uns der Verfasser des Petrusbriefes daran, daß uns eine gute Ausrüstung und reichlich Proviant mitgegeben ist. Gut haushalten sollen wir damit. Weil uns das geschenkt ist. Darum sollen wir auch als Geschenk damit umgehen. Niemand in der Seilschaft soll behaupten, das gehöre ihm, das habe er mitgebracht, damit könne er machen, was er wolle. Das führt nur zu Streitigkeiten und Auseinandersetzungen. Die einen werden sich für etwas Besseres halten als die anderen. Hier kann, wenn notwendig, auf Konflikte zwischen sog. Experten (Theologen, Hauptamtlichen) und Laien angespielt werden, sog. »höhere« und »niedrigere« Dienste.

Abspaltungen werden da nicht ausbleiben. Die einen werden sich von den anderen trennen, werden eigene Wege gehen wollen. Dabei gibt es doch nur den einen Weg. Bedenkt doch, daß ihr alle miteinander verbunden seid durch das eine starke Seil der Gnade Gottes. Daran dürft ihr euch halten. Und wo ihr euch daran haltet, da kann euch nichts passieren. Wenn einmal einer abzustürzen droht, an diesem Seil kann er sich wieder aufrichten, solange die anderen daran festhalten. Gut haushalten heißt aber nicht sparsam sein oder gar knausrig umgehen mit der geschenkten Gnade Gottes. Wenn wir die im Rucksack behalten, dann haben wir nur schwer daran zu tragen. Wir sollen die Gnadengaben gebrauchen, wirksam werden lassen, denn dieser Weg ist nicht einfach. Der kann mitunter sehr mühsam werden, der kann steil bergan gehen, und manchmal wird es so aussehen, als könne man die nächste Höhe nicht bewältigen. Da braucht man dann genug Stärkung, sonst wird man allzu leicht schlapp, verliert das Ziel vielleicht aus den Augen oder kehrt gar um.

4. Dem Zweifel und der Resignation mit Liebe und im Gebet begegnen. Es wird auch vorkommen, daß ihr unterwegs anderen begegnet, die sich niedergelassen haben, die es sich bequem gemacht haben. Die das Ziel Ziel sein lassen, die es aus den Augen verloren haben. Die werden euch dann vielleicht auslachen, für naiv erklären, weil ihr den mitunter so schwierigen Weg weitergeht und weil doch niemand weiß, wie weit es noch ist bis zum Ziel. Da werdet ihr eure Festigkeit und Entschlossenheit unter Beweis stellen müssen, sagen, daß ihr nicht aus euch selbst wandert, sondern geführt werdet. Und daß der, der euch führt, euch ans Ziel bringt.

Im Gebet etwa könnt ihr das deutlich machen, denn im Gebet wird alles von Gott erwartet, und umgekehrt schöpft ihr daraus den Mut und die Kraft, den Weg weiterzugehen, gerade wenn Hindernisse vor euch stehen.

4.1 Die Liebe deckt eine Menge Sünden zu. Vor allem muß es im Umgang miteinander klappen. Denn die da auf der Strecke geblieben sind, die kommen deshalb nicht mehr weiter, weil es Unstimmigkeiten unter ihnen gibt. Weil jeder für sich sein möchte, keiner auf den anderen eingehen möchte. Weil sich jeder sein eigenes (kleines) Ziel aufgestellt hat. Wenn es dann nicht nach dem eigenen Willen geht, wenn jemand einen Fehler macht, dann wird der schlimm geahndet und zurückgezahlt. So entstehen neuer Unmut, Streit, Vergeltung, Haß. Wo ihr aber einander versteht, die anderen so behandelt, wie ihr es für euch selbst erwartet, da werden Fehler keine große Rolle spielen, da werden sie zugedeckt, da sind sie schnell vergessen.

4.2 Seid gastfrei! Es kann sein, daß jemand zu euch stößt, der umherirrt, der nicht mehr weiß, wo aus noch ein, der einen Halt, eine Leitung braucht, der sich an einem Seil festhalten will. Wenn so jemand euch darum bittet, dann nehmt ihn ohne Murren auf. Denkt daran, ihr seid ja selbst unterwegs, ihr werdet selbst gehalten und geleitet. Und ohne diese Leitung wüßtet ihr nicht, wohin.

Wenn ihr so zu gehen versucht, euch festhaltet an dem Seil der mannigfaltigen Gnade Gottes, dann kommt ihr gut voran, dem Ziel entgegen, dann erlebt und erfahrt ihr unterwegs schon etwas von diesem Ziel. Und das wird euch ermutigen weiterzuwandern.

5. Jesus ist diesen Weg zum Ziel vorangegangen. Wenn ihr auf dem Weg seid, dann vergeßt nicht, daß einer diesen Weg bereits gegangen ist, den Weg zum Ziel. Einer hat das Ziel schon erreicht. Durststrecken hat es gegeben; einmal, so schien es, ein jähes Ende. Da haben sie ihm den Weg versperrt. Aber gerade so

hat er sein Ziel erreicht. Denn der hat mit der mannigfaltigen Gnade Gottes gut hausgehalten, ist nicht so sparsam damit umgegangen. Wo er zu anderen geredet hat, sie für den Weg ermutigt hat, da hat er es getan als Gottes Wort. Wo er anderen, die hängengeblieben sind, wieder auf die Beine geholfen hat, da hat er es aus der Kraft getan, die ihm Gott dargereicht hat ...

Möglicher Schluß

Ein Weg wie auf einer Gratwanderung. Mit einem Ziel vor Augen. Und rechts und links der Abgrund. Allzu leicht die Gefahr, abzustürzen, wenn man aus dem Gleichgewicht gerät und übermütig wird oder aber verzweifelt und mutlos wird, stehenbleibt. So will uns der Verfasser des Petrusbriefes den schmalen Pfad zeigen zwischen falschem Enthusiasmus auf der einen und Resignation auf der anderen Seite.

So können wir den Weg getrost gehen, wenn wir das Ziel nicht aus den Augen verlieren noch den vor uns liegenden Weg vernachlässigen und übersehen. Amen.

Kontexte

»Die Hände, die zum Beten ruhn, die macht er stark zur Tat. Und was der Beter Hände tun, geschieht nach seinem Rat«. (Jochen Klepper)

In einem Gespräch erwähnte E. Bloch einmal jene Stelle aus dem vor dem Ersten Weltkrieg Aufsehen erregenden Roman »Ssanin« des russischen Schriftstellers Arzibashew: Ein früher revolutionär denkender Mann distanziert sich nach dem Scheitern der russischen Revolution von 1905 und angesichts der Verhaftungen der mit der Revolution Sympathisierenden von der revolutionären Bewegung und antwortet auf die vorwurfsvolle Frage seiner bisherigen Genossen: »Weshalb soll ich heute Leben und Vergnügen opfern, nur damit im 32. Jahrhundert die Arbeiter ihr Leben und ihre Vergnügungen genießen können?« (H. Gollwitzer, Krummes Holz – aufrechter Gang, 1972^5, S. 327f.)

10. Sonntag nach Trinitatis

Predigttext: 2. Könige 25,8–12
Henning Behrmann

Theologisch-homiletische Skizze

Der Predigttext berichtet von der Zerstörung Jerusalems, des Tempels, dem Verlust des Landes und der Deportation eines Teils der Bevölkerung nach Babylon. Jerusalem und sein Tempel, das Land, sie vermitteln Israel die Erfahrung von Gottes Nähe, seiner Gegenwart. Sind sie jetzt zerschlagen, führen diese Erfahrungen den einzelnen und das ganze Volk an den Abgrund des Nichts. Sie sind damit vor die Identitäts- und Gottesfrage gestellt. Um solche Erfahrung der Grenzen menschlicher Möglichkeiten geht es in diesem Predigttext. Zu allen Zeiten machen Menschen diese Grenzerfahrung als Bedrohung ihres Lebenssinns. Darin sind wir mit den damaligen Adressaten dieses Textes gleichzeitig: Wir Christen erfahren ebenfalls den Verlust der Nähe und Gegenwart Gottes. Sie kommt z. B. darin zur Sprache, wenn ein Kranker im Hinblick auf seine Krankheit fragt: »Womit habe ich das verdient?« Er meint, von der Fülle des Lebens durch seine Krankheit ausgeschlossen zu sein, wenn nicht sogar von der Erfüllung seines Lebens. Sein Leiden erfährt er als Trennung vom Leben, als Trennung von Gott. Er fühlt sich bestraft und damit dem Gericht Gottes ausgeliefert, ohne daß er dem zustimmen kann.

2. Kö. 25,8–12 deutet eine Antwort für Israel an: Anerkennung der Gerechtigkeit Gottes und Hoffnung auf Gott, der den nicht verläßt, der ihm vertraut. Ich möchte den Predigthörer ermutigen, inmitten eines unfaßlichen Geschehens, das ihn betreffen kann oder bereits betroffen hat, der Frage nach dem »Mut zum Leben« standzuhalten. Ist Gott für uns nicht mehr erfahrbar, weil er sich von uns abgewandt hat oder weil wir ihm den Rücken zukehren? Erleben wir in dem allen etwa, daß Gott sich von uns aus unserer Welt herausdrängen läßt ans Kreuz und dort leidet? Und was bedeutet das für unser eigenes Leiden? Müßten wir nicht etwas für Gott tun, weil er immer noch am Kreuz hängt? Ich möchte dem Hörer Mut zum Glauben daran machen, daß Gott uns in jeder Notlage soviel Kraft geben will, wie wir brauchen; denn er wartet auf unsere aufrichtigen Gebete (auch Klagen! Rachegefühle! cf. Palm 137) und verantwortlichen Taten. Ich möchte weiterhin deutlich machen, daß dieser Glaube an den gekreuzigten Gott den Erfahrungen der menschlichen Grenze als Bedrohung des Lebenssinnes standhalten kann.

Vorschläge zur Liturgie

Eingangwort

Vieles hat uns in der verganenen Woche bewegt, nicht losgelassen. Jetzt dürfen wir zur Ruhe kommen, Abstand nehmen. Wie gut, daß der Herr unser Gott ist. Wir dürfen ihn anrufen, und er wird uns nicht im ungewissen lassen. Darum geschehe unser Gottesdienst in seinem Namen, im Namen des Vaters, des Sohnes und des Heiligen Geistes.

Kyrie
Gott, wir bekennen dir unsere Gottlosigkeit,
den Mißbrauch deines Namens.
Erbarme dich über unsere Gedankenlosigkeit,
mit der wir dich zum alten Eisen werfen.
Unsere Selbstsicherheit verstellt
deiner Liebe den Weg;
unser Ausgefülltsein mit vielen Dingen
nimmt dir den Platz bei uns.
Wir trauen dir zu,
daß du unser Leben erfüllst,
unsere Mauern überwindest,
uns nahe sein willst.
Herr, erbarm dich über uns.
(Liturg und Gemeinde im Wechsel: Kyrie eleison ...)

Gloria
Gott, wenn wir sehen
das Werk deiner Hände,
den Himmel und die Erde,
die du bereitet hast.
Was sind wir Menschen,
daß du dich unser annimmst?
Freude schenkst du uns,
vergibst die Schuld,
damit wir unseren Schuldigern vergeben können.
Dir allein wollen wir die Ehre geben.
(Liturg und Gemeinde im Wechsel: Ehre sei Gott in der Höhe ...)

Kollektengebet
Herr, wir sind versammelt, um dich anzurufen und dein Wort zu hören. Öffne uns die Ohren und Herzen für dein Wort, laß uns hören, wie du dich über uns erbarmst; laß uns darauf vertrauen, daß du unser Gott bist. Durch Jesus Christus, deinen Sohn, unseren Herrn, der mit dir und dem Heiligen Geist lebt und regiert, jetzt und auch in Ewigkeit. Amen.

Lieder
EKG 133 (Credolied: Wir glauben Gott im höchsten Thron); 205 (Lobt Gott getrost mit Singen); 207 (Ach bleib bei uns, Herr Jesu Christ). – Neuere Lieder: 915

(Er weckt mich allen Morgen, in: Beiheft 72 zum EKG, Ausgabe Niedersachsen); B 127 (Freunde, daß der Mandelzweig wieder blüht und treibt, in: Mein Liederbuch, tvd-Verlag Düsseldorf).

Fürbittengebet

Herr, die Kreuzfahrer scheinen sicher gewesen zu sein: Gott will es, daß wir nach Palästina fahren.

Auch die Inquisitoren beriefen sich auf deinen Willen, Herr, als sie entschieden: Hexen und Ketzer müssen auf dem Scheiterhaufen brennen. / Bis heute ist dieser Ruf noch nicht verstummt. / Wir sagen einem Kranken, der uns fragt: warum ich? – Gott will es. / Einem Unterdrückten, der gegen seine Peiniger revoltiert, halten wir entgegen: jedermann sei untertan der Obrigkeit, die Gewalt über ihn hat; denn es gibt keine Obrigkeit, die nicht von Gott ist. / Natürlich muß ein Kind gehorchen: denn der liebe Gott sieht alles.

Herr, ich frage mich, ist es eigentlich so einfach, deinen Willen zu erfahren? / Hast du ihn aufgeschrieben und liegt er vielleicht auf Abruf bereit für uns? / Wer hat darüber zu bestimmen, was denn nun in dieser bestimmten Situation als dein Wille zu gelten hat? Die Theologen, die Mächtigen? / Wer sagt uns denn, Herr, ob wir nicht gerade dann von deinem Willen sprechen, wenn wir unbequeme Nachfragen vermeiden wollen? / Es ist doch so bequem zu sagen: hinter mir steht nur der liebe Gott, wenn du gegen mich bist, dann bist du auch gegen ihn. / Herr, wir möchten deinen Willen für uns erkennen. / Aber es ist so schwer, die Zeichen der Zeit zu verstehen. Nach dem Schema: wir früher ..., können und wollen wir uns nicht richten. / Es ist nämlich nicht immer richtig und nötig für uns heute, was gestern gut und sinnvoll gewesen ist. / Es fällt so leicht, Antworten von gestern einfach zu wiederholen.

Herr, wenn ich an die Propheten denke, an die Apostel oder andere Zeugen des Glaubens, – / wie bereit waren sie, ehrfürchtig auf dich zu hören, gläubig deine Weisungen zu empfangen. / Welche Zweifel und Anfechtungen, welch lange Wege und dunkle Nächte mußten sie durchwandern, ehe ein Zeichen auf sie kam. Herr, laß uns sparsam umgehen mit dem Wort: Gott will es. / Laß uns immer vorher fragen, ob wir vielleicht unser Ansehen damit aufbessern möchten. / Laß uns überlegen, ob wir vielleicht kritischen Nachfragen aus dem Wege gehen möchten. / Herr, laß uns ein Leben lang darüber nachsinnen: Was will Gott von uns? Heute, hier, in dieser Situation. Amen. (Nach »Gott will es«, aus: Tastende Gebete, von O. und F. Betz, München 1978^3, S. 117f.)

Vorschlag für die Predigt

Möglicher Anfang

Zu Beginn will ich keine Einführung in den Text geben, die seine historiche Situation bzw. die psychische Lage der von der Zerstörung Jerusalems und der Deportation Betroffenen theoretisch beschreibt. Ich versuche vielmehr, Erfahrungen von Bedrohung und Bewahrung des Lebens existentiell zur Sprache zu bringen, um so eine Identifikation des Hörers damit zu ermöglichen. Jeder Mensch macht solche Erfahrungen, geht allerdings auf verschiedene Art und Weise damit um.

»Wissen Sie«, sagte er und lehnte sich dabei in seinem Sessel zurück, »viele sind von meinem Jahrgang nicht mehr am Leben. Vor einem Monat, bei der Goldenen Konfirmation, wurde mir das ganz klar. Von den 18 Konfirmanden leben heute noch 4; einige sind früh gestorben, aber die meisten blieben im Krieg oder überlebten die Gefangenschaft nicht. Wenn ich mir vorstelle ...«; er hielt einen Augenblick inne. »Ich bin überall mit heiler Haut davongekommen. Da kann man richtig dankbar sein, finden Sie nicht auch? Obwohl dankbar ..., ist ›dankbar‹ überhaupt das angemessene Wort? Haben Sie sich schon einmal überlegt«, fragte er dann etwas heftig sein Gegenüber, »warum es den einen trifft und den anderen nicht? Manchmal sehe ich alles noch genau vor mir, die Panzer, das Trommelfeuer; einen Kameraden neben mir hat eine Granate zerrissen. Ich habe viele erlebt, denen ist ihr letztes Stückchen Glaube damals zerbrochen. ›Wo bleibt denn dein Gott? Warum läßt er das alles zu?‹ So klagten sie an. Dankbarkeit, Bewahrung? Ich weiß es nicht«, sagte er und schüttelte dabei immer wieder den Kopf. »Aus dem zeitlichen Abstand heraus klingt das großartig, aber auch hohl zugleich, weil es Tod und Verderben von vielen anderen einschließt, übrigens auch die Vernichtung von damaligen Gegnern. Vielleicht sollte man nicht von Gnade und Bewahrung sprechen, wenn es anderen dabei schlecht ergeht. Womit haben die das denn verdient?«

Zum weiteren Verlauf

Die Frage nach der Betroffenheit des einzelnen durch sein Schicksal taucht auf und soll anhand des »Zusammenbruchs« von 1945 erörtert werden. Zugegeben, kein originelles Beispiel, aber dennoch eignet es sich m. E. immer noch dafür, exemplarisch aufzuzeigen, wie wir mit den Erfahrungen von Scheitern und Bewahrung umgehen. Im Stuttgarter Schuldbekenntnis von 1945 haben einige führende Männer der Ev. Kirche in Deutschland den Zusammenbruch Deutschlands als Gericht Gottes zu verstehen versucht. Sie sprachen nicht einfach das ganze deutsche Volk schuldig, sondern wiesen auf ihr eigenes Fehlverhalten im 3. Reich hin – »nicht stärker geglaubt, brennender geliebt« – und erklärten für sich den Zusammenbruch zu einem Gericht Gottes über ihr Verhalten.

»Aber das möchte ich gleich hinzufügen: Vorsicht bei dem Wort ›Gericht‹ «, und er hob warnend seinen Zeigefinger. »Wenn diese Gerichte immer die wirklich Schuldigen träfen! Haben Sie den Eindruck, daß das immer der Fall ist? – Auf der anderen Seite gebe ich Ihnen zu, daß es auch meine Geschichte gewesen ist, mein Volk, meine Heimat, meine Welt. Ich lebe nun mal in diesem Land, innerhalb dieses Volkes, inmitten von Unfähigkeit und Schwäche, Hoffnungslosigkeit und Bosheit, und ich habe teil daran, ich tue meinen Teil dazu. Ich war Augenzeuge, wie Juden auf einen Lastwagen getrieben wurden. Ich wußte, daß es ein KZ Oranienburg gab. Ich habe nichts dazu gesagt und nicht danach gefragt. Und heute? Ich lese, daß der Führer der einen Weltmacht sein Land als Teil des göttlichen Schöpfungsplanes preist, während er in demselben Atemzug das der anderen Supermacht als Reich des Bösen bezeichnet. Solche Bilder wirken, auch bei mir; ich merke es, wenn ich z. B. an meine Assoziationen denke, die mir bei dem Begriff ›der Osten‹ in den Sinn kommen. Aber auch im Kleinen trage ich diese Vorurteile und Feindbilder mit mir herum. Daran merke ich, wie ich beteiligt bin und meinen Teil zur Geschichte beitrage.«

Im deuteronomistischen Geschichtswerk findet sich wie ein Kehrvers die Aussage »er tat, was dem Herrn nicht gefiel«. Wenn Israel unter den Strafen Gottes der Zerstörung des Tempels usw. leidet, so leidet doch Gott auch, weil er sein Volk verloren hat. Christlich-theologisch gesprochen hieße das: Gott leidet darunter, daß er den Sohn und dessen Bruder verloren hat, wie das Gleichnis vom verlorenen Sohn berichtet. Gott leidet unter dem, was wir tun, oder unter dem, was wir unterlassen. Im Predigttext heißt es: Er tat, was Gott nicht gefiel. Tun wir das, was Gott gefällt - im persönlichen Leben, in unseren Kirchengemeinden vor Ort, auf Kirchentagen, als EKD? Wenn wir als Christen Geschichte erzählen, dann nicht bloß als eine Abfolge von Ereignissen, sondern auch von unserem Anteil an ihr und von Gottes Antwort darauf. Die Frage lautet dann nicht mehr: Warum vernichtet Gott Jerusalem und andere »Heilige Stätten«, sondern warum sind wir der Meinung, wir können alles ohne Gott bewerkstelligen, so daß wir ihn aus unserer Welt heraus drängen und ihn so kreuzigen?

»Ich kann nicht mehr sagen: wenn es einen Gott gibt, der müßte doch ...! Sie kennen diese Sprüche, ja? Mindestens genausoviel liegt doch an uns, was aus uns und unserer Welt wird. Sie können doch heute nicht mehr so ohne weiteres vom Willen Gottes reden, den wir zu befolgen hätten. Ich frage Sie, was ist denn der Wille Gottes für Sie und für mich, hier und heute? Wenn ich da an meinen Großvater denke, dann läßt sie seine Lebensphilosophie in wenigen Sätzen wiedergeben: du wirst in bestimmte Verhältnisse hineingeboren, wächst in ihnen auf und mußt dich damit abfinden. Ändern kannst und darfst du nichts daran, sonst versündigst du dich gegen die göttliche Weltordnung. Mein Großvater und seine Geschwister wurden noch mit dem Hinweis auf den ›lieben Gott, der alles sieht‹, diszipliniert. So trieb man ihnen Aufmüpfigkeit und kritisches Nachfragen aus. Sie haben vollkommen recht, Gott sei Dank haben wir heute eine andere Auffassung. Jeder muß sich um eine eigene, verantwortliche Entscheidung bemühen. Jedem wird zugetraut, daß er dazu auch fähig ist, seine Angelegenheiten selber verantwortlich zu entscheiden, vor seinem Gewissen, vor Gott. Niemals darf er seine Verantwortung an Fachleute, ganz gleich welcher Art, abgeben. Darin liegt für mich heute etwas Hoffnungsvolles.«

Predigtschluß

Das würde den Abschied von der Vorstellung vom Gott, »der alles so herrlich regieret«, bedeuten. Denn wir treiben Theologie und keine Astrologie. Gott hat mich frei geschaffen, und er wartet auf mein Gebet und meine verantwortlichen Taten, mein Teil liegt im Beten und Tun des Gerechten.

»Ich gebe Ihnen recht, alles ist damit noch nicht erklärt. Wie gehe ich mit Leiden, Krankheit, Tod, Verzweiflung um? Sie haben recht, die kann man nicht abschaffen. Welchen Sinn haben sie? Wissen Sie, ich habe Schwierigkeiten mit dem Wort ›Sinn‹. Warten Sie einen Augenblick«, beschwichtigte er sein Gegenüber, »ich will es Ihnen ja gerade erklären, wie das zu verstehen ist. Die Frage nach dem Sinn zielt auf das Ganze, das Vollendete. Darum steht sie uns Menschen nicht zu, sondern Gott. Ich denke an meinen Freund, der mir schrieb: ich lerne jetzt ganz allmählich wieder, mich an etwas zu freuen, an anderen Menschen, an Dingen. Lange Zeit vermochte ich das nicht; allmählich fasse ich wieder Zutrauen zum Leben. Sehen Sie, darauf kommt es an, glaube ich. Jeder muß für sich eine Antwort finden, eine Quelle, auf der er für sich Kraft schöpft; und das ist nicht nur der Fall, wenn einer im tiefen, dunklen Loch steckt, sondern, wenn Sie so wollen, geschieht das jeden Tag. Warum stehen Sie jeden Morgen auf und beginnen Ihr Tagewerk? Weil Sie Geld verdienen müssen? Nein, das glaube ich nicht, da steckt noch mehr dahinter. Denken Sie einmal darüber nach. Wenn Eltern nachts ihre weinenden Kinder beruhigen mit den Worten: es ist alles gut, obwohl sie genau wissen, unsere Welt ist nicht so, daß wir das guten Gewissens sagen dürfen, dann tun sie es wider besseres Wissen; aber ich sage Ihnen, recht tun sie! Ich selber stand auch einige Male an der Grenze, als meine Frau schwer krank lag und ich operiert werden mußte. Die Welt stand still in dem Augenblick. Da lautetet die Frage nicht nur, was kannst du jetzt noch tun, das wohl auch. Aber noch mehr stellte sich die Frage, worauf willst du jetzt vertrauen? Was hat jetzt Bestand? Später habe ich einmal den Psalm 137 gelesen ›An den Wasserflüssen Babylons saßen wir und weinten ...‹ Israel hängt seine Harfen in die Weiden; wie kann es singen des Herrn Lied in einem fremden Land. Bei ihrem Trauern treiben die Israeliten wilde Rachephantasien gegen ihre Bedrücker um. Zusätzlich habe ich noch den Brief gelesen, den Jeremia an die Exilierten schreibt: ›Baut Häuser und wohnt darin, nehmt Frauen und zeugt Söhne und Töchter. Sucht der Stadt Bestes und betet für sie zum Herrn.‹ Für mich klingt es beeindruckend, wie Jeremia den Israeliten ohne langatmige theologische Erklärungen Mut zuspricht. Er nennt ihnen die Dinge, auf die es ankommt: beten und das Nötige tun. Ich glaube, es gibt Situationen, da kann man nur noch beten, und das schließt klagen, weinen, fluchen ein, weil man sich so seines Grundes, der Quelle vergewissert, aus der man Kraft schöpft. Und es gibt Situationen, da ist es angemessen, das Rechte zu tun.«

Kontexte

»Ich glaube, daß Gott aus allem, auch aus dem Bösesten, Gutes entstehen lassen kann und will. Dafür braucht er Menschen, die sich alle Dinge zum Besten dienen lassen. Ich glaube, daß Gott uns in jeder Notlage soviel Widerstandskraft geben will, wie wir brauchen. Aber er gibt sie nicht im voraus, damit wir uns nicht auf uns selbst, sondern allein auf ihn verlassen. In solchem Glauben müßte alle Angst vor der Zukunft überwunden sein. Ich glaube, daß auch unsere Fehler und Irrtümer nicht vergeblich sind, und daß es Gott nicht schwerer ist, mit ihnen fertig zu werden, als mit unseren vermeintlichen Guttaten. Ich glaube, daß Gott kein zeitloses Fatum ist, sondern daß er auf aufrichtige Gebete und verantwortliche Taten wartet und antwortet« (D. Bonhoeffer, Einige Glaubenssätze über das Walten Gottes in der Geschichte, aus: Widerstand und Ergebung, Siebenstern-Taschenbuch 1, München 1974[8], S. 18f.).

»Seit Mitternacht schweigen nun an allen Fronten die Waffen. Auf Befehl des Großadmirals hat die Wehrmacht den aussichtslos gewordenen Kampf eingestellt. Damit ist das fast sechsjährige, heldenhafte Ringen zu Ende. Es hat uns große Siege, aber auch schwere Niederlagen gebracht. Die deutsche Wehrmacht ist am Ende einer gewaltigen Übermacht ehrenvoll unterlegen. Der deutsche Soldat hat ... für immer Unvergeßliches geleistet. Die einmalige Leistung von Front und Heimat wird in einem späteren gerechten Urteil der Geschichte ihre endgültige Würdigung finden. Den Leistungen und Opfern der deutschen Soldaten zu Lande, zu Wasser und in der Luft wird auch der Gegner die Achtung nicht versagen. Jeder Soldat kann deshalb die Waffe aufrecht und stolz aus der Hand legen und in den schwersten Stunden unserer Geschichte tapfer und zuversichtlich an die Arbeit gehen für das ewige Leben unseres Volkes.« (Wehrmachtsbericht vom 9. 5. 1945 aus: Die Niederlage 1945. Aus dem Kriegstagebuch des Oberkommandos der Wehrmacht Hrsg. von Percy E. Schramm, München 1962, dtv dokumente, S. 404).

11. Sonntag nach Trinitatis

Predigttext: 2. Samuel 12,1–10.13–15a
Karl–Behrnd Hasselmann

Theologisch-homiletische Skizze

Gleichgültig, ob diese Prophetenerzählung Ergebnis theologischer Reflexion ist oder ob sie in den ursprünglichen Kontext der Thronnachfolgegeschichten aus der Zeit der salomonischen Aufklärung gehört: Das Gedächtnis der Menschen hat sie immer beschäftigt. Sie ist zu Recht in die Perikopen der 6. Reihe aufgenommen, da sie ungewöhnlich deutlich ein Kernthema alttestamentlicher Frömmigkeit bezeichnet: Die Frage des Machtmißbrauches der Starken gegen die Schwachen. Richtig wird erinnert, daß dieses Problem im Bereich orientalischen Königtums denkbar »normal« war, zumal Königshäuser wegen der besonderen Gewichtigkeit (kabod) ihrer Stellung moralisch auch nach dem »gesunden Volksempfinden« exterritorial waren.

Es ist entscheidend wichtig zu sehen, daß selbst diese schlimmen Tatbestände auch in unserer Geschichte nicht einem moralischen Urteil unterstellt werden und so der Schwache, der sich diese Art Unmoral nicht »leisten« kann, gegenüber dem Starken auf das Podest gestellt wird.

Der theologische Hintergrund unserer Geschichte ist ein anderer: Es geht in ihm um die richtige prophetische Thora für den Weg des Volkes. Das Volk war gewarnt worden, sein Schicksal in die Hand des Königs zu legen (1. Samuel 8). Nun ist es diesem und seinem Charisma ausgeliefert, zwischen Gut und Böse, Gerecht und Ungerecht zu entscheiden. Am König und seinem Verhalten orientieren sich der Weg des Volkes und die praktische Auslegung der Thora für jeden einzelnen. Gibt es Unordnung an der Spitze in elementarsten Fragen, dann desorientiert dieses den Weg des Volkes und führt ihn in die Irre und in das Verderben. Gerade weil der König als der Gesalbte Gottes durch seinen Weg den Weg des Volkes so sehr bestimmt, achten die Propheten auf die Einhaltung der Thora auch in dem persönlichen Leben des Königs (Elia – Ahab, Jeremia – Jojaquin, Amos), denn dort entscheidet sich Weg und Zukunft des Volkes.

Der böse Geist also, der einen Saul verdarb, kann auch einen David ver-führen; dieses wird eher konstatierend erzählt. Die dem König von Gott verliehene *Macht*, das Volk richtig (gerecht) zu führen, wird zur Selbstmächtigkeit, anvertrautes Leben gottähnlich sich anzueignen und zu mißbrauchen oder dem Tode auszuliefern.

Um den Mißbrauch der von Gott anvertrauten Macht der Mächtigen, das Leben der Schwachen zu bewahren, »zu mehren und Schaden von ihm abzuwenden«, geht es. Dieses ist die königliche Aufgabe jedes Menschen, der Autorität über ihm anvertrautes oder ihm sonst zugeordnetes schwaches Leben anderer Menschen hat: dieses Leben zu mehren und zu schützen. Wenn die Macht dem Starken dazu dient, sich dieses Leben anderer aber »einzuverleiben«, ist langfristig dafür gesorgt, daß ihm diese Macht genommen wird, daß sie aber auch das Leben des ihm Anvertrauten gefährdet.

Der wahre Messias »der Endzeit« geht deshalb den Weg der Ohnmacht, weil erst so die Dynamis des Geistes Gottes wirksam werden kann.

Vorschläge zur Liturgie

Anfangspsalm nach Lukas 1,46–55

Das Vertrauen auf Gott stelle ich über alles. Ich denke an ihn und freue mich, denn er hat mich entdeckt. Obwohl nichts Besonderes an mir ist, hat er mich doch beachtet. Auch in Zukunft wird man von meinem Glück reden, denn er hat meinem Leben Bedeutung gegeben – er, der seine Macht so ganz anders erweist, dessen Güte durch die Jahrhunderte erfahren wird von denen, die nach ihm fragen. Seine Stärke ist die Überlegenheit:

Die über alles erhaben sind, verlieren sich im Nichts. Die sich der Welt bemächtigen wollen, greifen ins Leere, aber die Unbeachteten gewinnen. Die nichts vorweisen können, werden mit Güte beschenkt,

die alles schon haben, gehen leer aus; wer sich auf ihn verläßt, den richtet er auf. Seine Barmherzigkeit gilt von neuem, wie es unseren Vätern gesagt worden ist, Abraham und allen, die wie er vertrauen.

Kollektengebet

Gott, bring uns doch in Einklang mit den Worten, die wir sagen, mit den Worten unseres Glaubens: Laß Frieden aus uns sprechen, wenn wir dem Frieden das Wort reden; laß uns Liebe ausstrahlen, wenn wir sie anderen empfehlen. Bewahre uns vor den glattzüngigen Worten, die nicht abgedeckt sind mit unserem Leben. Verwandle unsere Steine in dein Brot.

Lesungen

Galater 5,13–23; Lukas 20,20–26

Lieder

EKG 193,1–3,4–6; 195,1–5

Fürbitte

Erreiche uns, Gott, mit der seltenen Liebe Jesu, die uns Nähe und Befreiung schenkt. Nicht ins Leere hinein möchten wir hoffen und beten, nicht hängenbleiben im ausweglosen Verhalten unserer zerstrittenen Welt. Wir suchen die Ansätze und Wege Jesu für eine menschliche Welt.

Wir lernen und beten in seinem Geist: Laß uns zweifeln an Erfolgen, erwachsen aus krankmachendem Druck. Laß uns zweifeln an allzu glatten Begründungen, die den Kurs der Machthaber stützen. Laß uns zweifeln an der Feindseligkeit, zu der fanatischer Glaube verleitet. Laß uns vertrauen dem seltenen Verständnis, das ärgerlich Schwache und Fremde einbezieht in unsere vertrauten Kreise. Laß uns vertrauen der seltenen Freiheit, die für das Wohl und das Recht der

Gegner eintritt und so dem Frieden Brücken baut. Laß uns vertrauen der seltenen Liebe, die verkümmertes Leben behutsam zum Blühen bringt.
So denken wir an die Menschen, von denen wir in diesen Tagen hören, über die wir reden, die uns begegnen, daß sie spüren können, was wir hier beten.
(Alle Gebetstexte aus: F. K. Barth u. a., Gottesdienst menschlich II, Jugenddienst-Verlag, Wuppertal, 1980)

Vorschläge für die Predigt
Möglicher Anfang
Liebe Gemeinde, Glaube und Unglaube streiten um die Frage: Was ist der Mensch? Was ist sein Leben wert? Sie kennen den von einigen durchaus ernstgemeinten Kalauer: Der Mensch ist, was er ißt. Ich ergänze – auch nicht nur aus bloßem Spieltrieb: Was macht den Menschen zum Menschen: Macht. Genauer müßte man sagen: Der Umgang mit der Macht. Jeder von uns hat Macht und setzt sie ein, um sich selbst mindestens so groß erscheinen zu lassen, wie er seiner Meinung nach wirklich ist.
Das fängt bei den Kindern an. Ein Vater hatte nach vielen Scherereien zwischen seinen Kindern eine, wie er meinte, glänzende Idee. Er war Pädagoge und wollte Gerechtigkeit in der Verteilung der Güter und nicht das Gesetz des stärkeren Ellenbogens. Deshalb kaufte er zwei völlig gleiche Teddybären. Nachem seine Kinder, Hansi und Heidi, die Tiere inspiziert hatten, fragte er die Tochter: »Welchen möchtest du haben?« Heidi antwortete: »Dem Hansi seins!«
Macht ist ganz elementar Hab-Gier, Mehr-Haben-Wollen als der andere, um mehr wert sein zu können. Dazu braucht es die Macht des anderen, und sei sie noch so klein. Jede ist ihm recht, die er sich einverleiben kann, um so größer, dicker, schwerer, bedeutender zu sein und den anderen an die Wand drücken zu können. »Ich muß zunehmen, er muß abnehmen!«
Diese Sucht, sich alles einzuverleiben, hat den großen Romancier Elias Canetti dazu gebracht, in der Machtausübung einen kannibalistischen Akt zu sehen: Es geht letztlich immer nur um Beute machen und Beute fressen, es geht darum, daß »Überleben im Kern alles dessen steht, was wir – etwas vage – als Macht bezeichnen ...« (Canetti)
Woher diese Sucht kommt, ist kaum auszumachen. (»Der Mensch ist frei geboren und überall liegt er in Ketten. Einer hält sich für den Herrn der anderen und bleibt doch mehr Sklave als sie. Wie ist dieser Wandel zustande gekommen? Ich weiß es nicht.« H. Rousseau).
Die Wissenschaft bietet zahlreiche Erklärungen an; Glaube und Unglaube aber – vor der Frage: Was macht den Menschen zum Menschen? – halten sich zunächst an die Tatsache: Jeder hat Macht, jeder gebraucht sie, jeder gestaltet dadurch sein Leben – oder das, was er dafür hält.

Zum weiteren Weg

Es müssen jetzt die Strategien des Versteckspiels der Menschen genannt werden, mit dem sie sich und anderen weismachen möchten, daß sie »natürlich« keine Macht haben. Macht zu haben und zu zeigen, ist unanständig. Lieber heben wir hervor, daß wir unter der Macht der anderen leiden. Wir übersehen dabei, daß Macht da am mächtigsten ist, wo sie unerkannt bleibt. Macht verkleidet sich mit Vorliebe auch als hilfsbedürftige Schwäche und bindet so die angeblich Starken unerbittlich. Hinzukommt, daß unerkannte Macht keinen Neid weckt.

Im politischen Raum hat das Versteckspiel die Form, die eigenen Möglichkeiten so klein wie möglich zu halten und dann auch den Staat, das System und die Regierung anzuschwärzen mit dem Vorwurf: »Ihr habt an allem allein Schuld.« Denn in der Regierung konzentriert sich die Macht. Solche Schuldzuweisungen durch die angeblich immer Schwächeren geschieht überall da, wo Macht und Autorität sich sammeln, um ein halbwegs geordnetes Leben zu ermöglichen: z. B. in der Familie, in der Schule, in der Gesellschaft.

Hans Jonas betont in seiner Ethik (Das Prinzip Verantwortung, Seite 185) die »Ur-Verantwortung« der elterlichen Fürsorge, die ja gleichzeitig ein Ausweis elterlicher Macht ist. Die Bedürftigkeit und Bedrohtheit des Kindes erfordert eine »totale« Verantwortung, die eine unbefragte Macht hinter sich weiß: Diese ist nötig, um das kindliche Leben kontinuierlich in die Zukunft zu begleiten. Nach Jonas umspannt die Verantwortung von Eltern und Staatsmännern (als patres patriae etc.) das totale Sein ihrer »Objekte«. Auch wenn man diese Analogie relativieren möchte, bestimmt sie das Selbstverständnis der meisten Menschen heute. Dabei ist das Urbild der Macht nicht so sehr die Macht des Vaters als die der Mutter: »Es gibt keine intensivere Form von Macht« (sc. als die der Mutter, Canetti).

An elterlicher Macht orientiert sich teilweise auch die Macht der Lehrer. Ihr Machteinsatz ist allerdings strategisch und taktisch überlegt und scheitert deshalb auch öfter, als es für Schüler und Lehrer gut ist:

»M. ist pädagogisch geschickt. Zu dem Unterrichtsthema sammeln die Unterprimaner Gesichtspunkte, die ihrer Meinung nach berücksichtigt werden sollten. Mit etwas Stirnrunzeln, Abwiegeln, Lob und gespieltem Interesse erreicht M., daß das Thema nach kurzer Zeit so gegliedert ist, wie sie es schon vor einer Woche für gut befunden und seither vorbereitet hat ... M. wie Manipulation.

P. kommt in die Klasse. Er ist groß, breit, geht tatkräftig federnd und legt nach kurzer Anwesenheitskontrolle mit seinem Unterrichtsstoff los. Klar, laut, bestimmt, mit einem Befehlston, der keinen Widerspruch zuläßt ... Autoritäre Lehrer haben es gut. In den Klassen herrscht Ruhe, in den Kursen werden sie weniger gewählt, also sind ihre Kurse kleiner, und das heißt weniger Korrekturen. Es wird etwas gelernt, Hausaufgaben werden gemacht. So einfach ist das.

G. hat auch Ruhe. Sie läßt sich nie auf Auseinandersetzungen ein. Wenn die Schüler unruhig sind, wird sie leise. Sie stellt sich neben oder hinter den

Schwätzer und beobachtet ihn schweigend und lächelnd. Der Psychotrick funktioniert fast immer. G. borgt ihre Macht vom Über-Ich, vom schlechten Gewissen, von dem großen Zeigefinger des Vaters.
K. hat die Macht nicht. Er agiert nicht, er reagiert. Jede abweichende Schülerfrage treibt ihn zu Abschweifungen. Ein Geschwätz ärgert ihn, ein Stückchen Apfelsinenschale, das durch den Klassenraum fliegt, bringt ihn aus der Fassung. Die Schüler können ihn tanzen lassen, wie sie wollen. Sie wollen ihn oft tanzen lassen ...
H. will eine Kursarbeit schreiben lassen. Die Schüler wollen nicht. H. hat nach ihrer Meinung nicht genug mit ihnen geübt. H. droht mit Folgen, der Direktor und die Note 6 werden genannt. Die Schüler stehen wortlos nacheinander auf und gehen. Keiner schreibt.
Kein Lehrer kann wirklich etwas tun, wenn die Schüler geschlossen nein sagen. Aber das geschieht fast nie. Denn zu Hause stehen sie ja allein vor den schimpfenden, strafenden oder schlagenden Eltern. Davor haben sie Angst. Die Stärke der Gruppe erproben sie kaum einmal, sie sind sich zu selten einig.« (Aus: Das Kursbuch, 71, 1983, S. 152ff.)
Das letzte Urbild von Macht ist der Staatsmann, bei den Alten der König. »Eines der gewöhnlichsten Epitheta des Königs ist »der das Leben gibt«, ein Ausdruck, der einen Doppelsinn haben kann, weil er auch »dem das Leben geschenkt wurde« bedeuten kann. Der König ist dem Menschen gegenüber Machtträger, der Macht gegenüber machtbedürftig. In dieser Doppelstellung wurde er das Urbild aller Mittler zwischen Mensch und Gott.« (van der Leeuw, Phänomenologie der Religion, Seite 120).
Ordnet der König durch Einsatz von Macht das Leben seiner Untertanen (entfernt analog auch in demokratischen Regierungen), so sieht er sich einerseits leicht bei Fehlern dem Vorwurf ausgeliefert, er sei an allem schuld, was sonst noch schiefläuft; andererseits ist er ganz zentral Orientierungsfigur für menschlich gutes (oder jedenfalls gerechtes) Handeln. So auch in der Geschichte Israels.
David als der Gesalbte Jahwes entrinnt auch in der so nüchternen Thronnachfolgegeschichte diesem Maßstab nicht. Spätere Kritik zieht Linien noch stärker aus. Ehebruch und Mord sind auch sonst an der Tagesordnung; aber wenn der König in sie verstrickt ist, steht mehr auf dem Spiel: Die gesamte Ordnung des bedrohten und gefährdeten Lebens der Gemeinschaft verfällt. Maßstäbe eigenen Handelns kommen ins Rutschen. Der Weg des Volkes gerät an den Abgrund. Der König ist Mittler der lebensfördernden Macht Gottes für die politische und rechtliche Ordnung. Verfehlt er sich, bleibt sein Fehler nicht eine individuelle Versündigung, sondern desavouiert – über die Desorientierung des Volkes hinaus – die Macht Gottes, dessen Gesalbter er ist. Daß das Volk Israel in seinen prophetischen und Exodustraditionen ein unerbittlich kritisches Gegenüber der Königsmacht geblieben ist, macht schon 1. Samuel 8 deutlich. Das Volk hat

sich die Folgen einer Königswahl selbst zuzuschreiben, da es die Macht des Königs der Königsmacht Gottes verzog. Diese Bevorzugung der Königswahl ist innerhalb der Exodustradition eine Station des Weges in der Wüste, der nicht in das gelobte Land, sondern zurück nach Ägypten zum Pharao und in die Arme des alles wissenden und entscheidenden Gottmenschen führt. Auch bei David, dem Urbild des gerechten messianischen Königs, wird jeder Abweg in die Richtung zu pharaonischer Gottesgleichheit unerbittlich angeprangert.
Seit der arme Jesus von Nazareth, der Mensch aus dem Volk Gottes (und auch deshalb der »Sohn Davids«) die Maßstäbe für den Weg des Volkes Gottes und jedes einzelnen in seiner neuen Thora formuliert, ist jeder Rückzug jedes Menschen in die Entschuldigung versperrt, die da feststellt: Der andere – oder die Regierung ist allein schuld.
Auch der Weg dieser Entschuldigung ist ein Weg zurück nach Ägypten. Auch hier entscheidet ein Pharao über die Wege und Abwege meines Lebens. Aber Jesus als der Christus gibt jedem die Möglichkeit, die königliche Macht der Einsicht und Umkehr für sein Leben selbst zu vollziehen. Das geschieht in unerbittlich klarer Weise: Zum Ehebruch: Wer eine verheiratete Frau ansieht und sie begehrt ..., zum Mord: Wer seinen Bruder einen Narren schimpft ...
Jesu spricht jedem die Vollmacht zu, den Weg seines Lebens im Volk Gottes zu sehen und zu bestimmen. Er verweist auf sich, als den Vorgänger dieses Weges. Er verweist dabei aber noch mehr auf die Dynamis Gottes, die aus Knechten des Pharaos Söhne des lebendigen Gottes und Schwestern und Brüder dessen macht, der auch vor seinem Tode die Frage bejaht: Bist du ein König?
Die Predigt kann die Befähigung einer solchen Vollmacht von Eltern, Lehrern oder einer Regierung genauer auszeichnen. Es ist sicher gut, einmal Beispiele geringerer Tragweite zu wählen als etwa die Frage der Aufrüstung.

Zum Schluß

Es muß uns wichtig sein, daß jeder von uns wirklich weiß, daß er – auch wenn er sich sehr schwach vorkommt – Macht hat, daß aber alles für ihn und andere darauf ankommt, ob und wie er sie einsetzt, so daß Leben gemehrt und nicht verringert wird. Macht allein kämpft nur um das Überleben auf Kosten anderer. Vollmacht Christi zielt auf ein gutes Leben, das die Stärkung des schwächeren Lebens neben mir zum Ziel hat. (Dieses Gegenüber verbildlichte Elias Canetti [in: Gewissen der Worte, Essays, dtv, 1976, S. 23] folgendermaßen: »Der stehende Mensch wirkt autonom, als stünde er für sich allein, und als hätte er noch die Möglichkeit zu jeglicher Entscheidung. Der sitzende Mensch übt einen Druck aus, sein Gewicht stellt sich nach außen dar und erweckt ein Gefühl von Dauer. So wie er sitzt, kann er nicht fallen; er wird größer, wenn er sich erhebt. Der Mensch aber, der sich zur Ruhe niedergelassen hat, der liegende Mensch, hat sich entwaffnet. Es ist ein leichtes, ihm in der Wehrlosigkeit seines Schlafes beizukommen. Der liegende ist vielleicht gefallen, vielleicht ist er verwundet worden. Bevor er wieder auf den Beinen steht, wird er nicht für voll genommen.«) Macht allein sorgt dafür, selbst zu stehen und den anderen zu Fall zu bringen oder ihn in seiner Nieder-Lage festzuhalten. Vollmacht Christi hilft dem Liegenden und unter die Macht-Räuber Gefallenen auf die Beine und nimmt in Kauf, nicht mehr allein stehen zu wollen, sondern jemanden neben sich zu haben. Auch, wenn der Bewegungsdrang nach vorne dann eingeschränkt wird: Gemeinsam geht es besser; strauchelt einer, dann hilft ihm der andere auf. Amen

Kontexte

»Vertraut auf die Stimmung im Lande, aber vergeßt nicht eure Gewehre.« (Lenin)

»Weil die Macht eines Menschen die eines anderen Menschen behindert oder ihr entgegensteht, ist Macht einfach nichts anderes als das Mehr der Macht des einen gegenüber der eines anderen.« (Hobbes)

12. Sonntag nach Trinitatis

Predigttext: 1. Korinther 3,9–15
Reinhold Kalden

Theologisch–homiletische Skizze

»Wir sind Gottes Mitarbeiter« (Luther 1545: »gehülffen«) – soviel wird mir zugetraut! Gott ist durch Menschen am Werk, benutzt sie als Werkzeuge. Was dem Mitarbeiter gelingt, bleibt darum Gottes Werk. Diesem Gedanken ließe sich z. B. der Schöpfungsauftrag Gottes an den Menschen Gen. 1,28 und 2,15 zuordnen. Gott gibt seine Schöpfung, sein Volk und schließlich sein Evangelium in menschliche Verantwortung hinein, vertraut es Menschen an. Wir überschauen heute, wohin das im Blick auf die Schöpfung geführt hat. Haben wir vergessen, daß uns auch der zweite Halbsatz in Vers 9 betrifft: »Ihr seid Gottes Ackerfeld und Bau?« Die Gemeinde, eben noch in Vers 6ff. mit einem Pflanzgarten verglichen, lebt durch die Arbeit kluger Baumeister (Vers 10), die alle auf den gleichen Grund bauen: Jesus Christus (Vers 11). Es geht bei dem Gebäude bzw. Werk (Vers 10b–15) dann nicht mehr um die Gemeinde als Bauwerk, sondern um das Gebäude der christlichen Lehre, des eigenen Glaubens.
Das Fundament ist gelegt: Jesus Christus. Ohne das von anderen mir vor–gelegte Fundament steht mein Bau nicht, wird er ein Luftschloß. Ich bin bei meinem Bauen angewiesen auf Vorgänger, auf Vor–denker und Vor–vermittler. Wie gut, daß mir meine Gemeinde noch etwas über die Arbeit meiner Vorgänger erzählt! Daraus erfahre ich, warum heute in der Gemeinde manches nach meinem Geschmack seltsame Gebäude steht und warum mein Baustil nicht nur Beifall findet. Ich muß mich immer wieder prüfen: Worauf stehe ich, steht mein »Werk«? Ein Gebäude besteht nicht nur aus dem Fundament: Gott erwartet, daß ich darauf mein Werk baue. Es wird, ja es muß meine eigene Handschrift tragen, darf nicht nur Kopie sein. Mut zum eigenen Entwerfen und Bauen! In dem Maße, wie ich Vers 9a in Anspruch nehme, muß ich anderen ihr Mitarbeitersein auch zugestehen. Als Architekt bleibe ich Gottes Gehilfe, bin nicht Herr: »Nicht daß wir Herren wären über euren Glauben, sondern wir sind Gehilfen eurer Freude« (2. Kor. 1,24).
Welche Baumaterialien benutze ich bei meinem Bau? Vers 11 ist mein Konfirmationsspruch. Was habe ich darauf gebaut? Ist es Gottes Wort allein? Sind es nicht auch viele Einflüsse und Gedanken, denen ich täglich ausgesetzt bin? Ich muß mein Baumaterial ständig überprüfen: Was gibt meinem Bau Halt? Ist der Kinderglaube mitgewachsen, erwachsen und mündig geworden? Was dient zur Verblendung der Fassade? Womit klebe ich Risse? Bin ich wirklich konfirmiert, befestigt? Beim Sterben wird es sich herausstellen; nein, vorher schon: Wann immer ich entscheide, so und so zu bauen.
Ich möchte Mut machen zum eigenen Bauen, Ich möchte gern aufzeigen und Gewißheit zusprechen: Gott hat das Fundament längst gelegt – durch andere Menschen, in der heiligen Taufe. Nun bin ich an der Reihe. Ich kann nicht mein ganzes Leben lang mit einem halbfertigen Bau verbringen oder die Weiterarbeit daran immer auf später verschieben

oder nur dann bauen, »wenn ich das Bedürfnis habe, Herr Pfarrer«! Gott gibt in seiner Gnade Weisheit zum Bauen, er läßt mich mit dieser Aufgabe nicht allein. Er setzt die Maßstäbe, er wird den Lohn zuteilen; er rettet, wenn das Werk auch verbrennen sollte. Von hier aus sehe ich auch eine mögliche Verbindung des Predigttextes zu den übrigen Perikopen des Sonntags und zum Wochenspruch Jesaja 42,3. Drei Heilungsgeschichten, Paulus' Bekehrung und eine späte Heilsprophetie (Jes. 29,17–24) enthalten als Schwerpunkt Gottes heilende Macht. Sie läßt auch den Glauben wachsen, erhält das schwache Pflänzchen Kirche am Leben. Sie beruft Mitarbeiter, um sie dazu zu gebrauchen. Geht es vom Sonntagsevangelium Mk. 7,31–37 her um körperliche oder geistliche Blindheit (wie EKG 50,5), dann käme Vers 15 zum Zuge: die aus dem unrechten Material gebaute Lehre vergeht im Gericht, der Glaubende selbst kann gerettet werden.

Vorschläge zur Liturgie

Eingangspsalm

Psalm 30,3; 5–9.11 oder Psalm 112,1; 2–9 oder Psalm 147,11; 3–6.12–14a (als Lied: EKG 199!)

Lesungen

Mk. 7,31–37 und Jes. 29,17–24 (aus OLP 1977) oder Mt. 7,24–27 (28+29) und Sprüche 2,1–9

Aufforderungen zu Bittruf und Lobpreis

Gott hört unser Schreien,
er heilt uns, er hilft uns.
Wie oft vergessen wir das,
weil wir unsere eigenen Wünsche sehen,
unsere Schwäche, unser Versagen.
Wir bitten Gott um Erbarmen: ...

Der Herr hat Erbarmen mit uns.
Das geknickte Rohr wird er nicht zerbrechen,
und den glimmenden Docht wird er nicht auslöschen.
Ihm laßt uns lobsingen: ...

Kollektengebet

Herr Gott, du schenkst Stummen die Sprache und Tauben das Gehör, du machst Kranke gesund. Laß uns dir danken. Gib, daß wir von dir reden, von deiner Hilfe und von deinen Wundern, die du an uns Menschen tust durch deinen Sohn, unseren Herrn Jesus Christus. (Aus: Agende I, Ergänzungen. Erarbeitet von der Liturgischen Kammer, herausgegeben vom Landeskirchenamt der Ev. Kirche von Kurhessen-Waldeck. ^{2}1983, Nr. 3.2.18)

oder

Herr Gott, lieber Vater, du hast den Glauben an deine Güte in uns geweckt. Wir bitten dich um Mut und Zuversicht, daß wir auf dem Grund bleiben, den du gelegt hast: Jesus Christus.

Lieder
Zum Eingang 197,1–4 oder Kommt herbei, singt dem Herrn – Vor der Predigt 188,1–4 (Wochenlied) – Nach der Predigt 278; 269,1.6–8; 250,3–5.11 – Schlußstrophe: 188,5; Herr, dein Wort, die edle Gabe ...

Gebet nach der Predigt mit Fürbitten
Herr, unser Gott, wir danken dir. Du legst den Grund des Glaubens in unser Leben. Du weckst Glauben in uns und berufst uns zu Gehilfen und Mitarbeitern. Du machst uns Mut, auf dich zu bauen.
Wir danken dir dafür und bitten dich: Hilf uns unsere Verantwortung füreinander sehen und wahrnehmen. Wir denken vor dir an die Menschen, die uns den Glauben an deine Güte gelehrt haben. Erhalte sie und uns in deiner Liebe bis ans Ende. Wir bitten: Herr, erbarme dich.
Wir bitten dich für alle Eltern und Paten, Pfarrer und Lehrer: Gib ihnen Liebe, Mut und gute Einfälle, damit sie den Kindern, die ihnen anvertraut sind, den Glauben weitergeben und darin nicht müde werden. Wir bitten: Herr, erbarme dich.
Wir bitten dich für alle, die unsicher geworden sind. Gib Antwort, Herr, auf unsere Fragen, hilf uns unsere Zweifel aushalten und überwinden. Wir bitten: Herr, erbarme dich.
Wir bitten dich für unsere Gemeinden und ihre Gruppen. Laß sie offen sein für Suchende und Fragende, damit sie sich nicht nur zufriedengeben mit Althergebrachtem und Gewohntem. Zeig dich in deiner Kraft, Herr, die alles neu macht. Wir bitten: Herr, erbarme dich.
Herr, unser Gott, du kommst an deinem Tag und wirst uns richten. Wir bitten dich: Bleib uns gnädig zugewandt. Laß unseren Glauben wirksam werden in allem, was wir tun an den Menschen, die uns brauchen. Geleite uns freundlich in allem, was kommt, durch Jesus Christus, unseren Herrn, in dessen Namen wir beten: Vater unser ...

Vorschläge für die Predigt
Möglicher Anfang
Immer wieder erlebe ich bei Haus- und Krankenbesuchen in der Gemeinde, daß mein Besuch offenbar ein schlechtes Gewissen bei den Besuchten wachruft: »Es ist schön, daß Sie mich besuchen! Ich komme zwar nicht in die Kirche, aber meinen Glauben habe ich doch, Herr Pfarrer!« Liebe Gemeinde, ich bin dann immer wieder einmal versucht zu antworten: »Einen Glauben mögen Sie ja haben – aber ob das der Glaube ist, von dem die Bibel redet, der sich auf das Evan-

gelium von Jesus Christus gründet – ich weiß es nicht.« Selten frage ich so zurück, aber meine Vorbehalte bleiben, gerade weil ich meinen Gesprächspartner mit seinem Glauben ernstnehmen möchte. Ich versuche zu erzählen, warum der Gottesdienst für mich wichtig ist und was er für andere bedeutet, die es mir weitersagen. Ich lade ein, mache Mut, sich der Predigt und der Gemeinde zu stellen mit den eigenen Fragen, dem eigenen Glauben. Und doch wird mir immer wieder die Rolle des Richters, der moralischen Oberaufsicht zugeschoben, die ich gar nicht spielen will. Bestenfalls bin ich Gottes Mitarbeiter, aber nicht Herr über euren Glauben, liebe Mitchristen, sondern Gehilfe eurer Freude. So sagt Paulus es an anderer Stelle.

Zum weiteren Verlauf

Gottes Mitarbeiter sein ist kein Vorrecht derer, die theologisch gebildet sind. Es kommt darauf an, sich zum Mitarbeiter Gottes berufen zu lassen.

Der Glaube ist persönliche Angelegenheit, aber es kann uns Christen nicht gleichgültig sein, was andere glauben. Darum kann ich meinen Glauben nicht für mich behalten; er ist auf das Gespräch hin angelegt, er lebt vom Gespräch mit anderen Menschen, in der Familie, unter Freunden, am Arbeitsplatz.

Jeder ist selbst für seinen Glauben verantwortlich, doch auch für das Ackerfeld, das Gott ihm, dem Gehilfen, vorlegt. Andere müssen den Glauben durch uns kennenlernen. Beispielhaft ist die Verantwortung der Eltern und Paten. Was tun wir, um ihnen bei ihrem Dienst zu helfen? Wie sollen Kinder in die Gemeinde hineinwachsen, wenn die Eltern nicht in ihr verwurzelt sind? Es kommt darauf an, nicht nur am Leben der Gemeinde *teilzunehmen,* die Gottesdienste zu *besuchen* (die Wörter sind verräterisch!), sondern in der Gemeinde den Grund zu entdecken, den eigenen Glauben darauf auf- und auszubauen und entsprechend zu handeln.

Immer noch werden die meisten Kinder getauft. Durch andere erfahren sie davon, lernen hoffentlich etwas über den Grund, den Gott damit in ihr Leben hineinlegt. Wem verdanken wir denn unseren Glauben? Die prägende Kraft der Vorbilder und Erzieher ist Chance und Problem zugleich: Pfarrer X hat das aber immer so gemacht! In unserer Familie geht man höchstens zu Weihnachten zum Gottesdienst!

Je fester wir auf den von Gott gelegten Grund bauen, um so tragfähiger erweist er sich im Leben. Unser Glaube soll unser persönliches Bauwerk werden, aber offen für andere Meinungen, geräumig genug für Fragende und Suchende. Je fester er im Fundament verankert ist, um so offener wird er sein können.

Oft ist das Fundament verschüttet. Wer hilft, es wieder freizulegen? Ist es nicht bequemer, andere für uns graben und bauen zu lassen? Viele geben offenbar einem Glauben den Vorzug, der auf alle Fragen ganz schnell eine Antwort parat hat, der alles schlüssig erklärt, der die eigenen Entscheidungen entbehrlich macht. Das dürfte den Zulauf zu manchen Sekten erklären.

Das Feuer wird die Qualität des Bauwerks erweisen: das Feuer der Lebenskrisen, der Anfechtung, der Zweifel. Ein solider Bau wird das aushalten, wenn er in seiner Gestaltung und Ausführung nicht nur bedürfnisorientiert gebaut ist. Ich mache Mut, den Alltag in den Glaubensbau hineinzunehmen – der Grund wird schon tragen, was da an Belastungen kommt.
Gott selber hat den Grund in unser Leben gelegt. Er gibt auch die Weisheit zum Bauen durch sein Wort, durch seine Liebe, die Jesus den Menschen gebracht hat. Er und kein anderer ist auch Richter. Er wird unseren Bau beurteilen. Weil er es ist, darum können wir uns an die Arbeit machen für uns und für andere. Das ist Trost und Ermutigung, die wir brauchen.

Möglicher Schluß
Der uns zu Mitarbeitern und Gehilfen macht, der durch uns wirken will, er teilt auch den Lohn zu und hat das letzte Wort über unser Leben. Er legt den Grund, er gibt uns, was wir brauchen. So gut meint er es mit uns, so groß ist seine Gnade. Die allein besteht, wenn unser Bau auch vergeht. Der Grund, der gelegt ist, bleibt. Er ist beständig. Gut, wenn wir ihn entdecken und darauf bauen, solange wir leben. Weil Gott es will, darum können wir es – jeder für sich und einer für den anderen. Dazu will der Herr uns gebrauchen.

Kontexte
Das ist vom predigen und leren gesagt ... Nu bestehet keine lere im sterben / Jüngsten tag und allen nöten / es wird verzeret / es sey denn lauter Gottes wort / Das befindet sich alles im Gewissen wol. (Martin Luther: Randglosse zu 1. Kor. 3,14f. in der Bibelausgabe 1545)

Die Frage, ob es einen Gott gibt
Einer fragte Herrn K., ob es einen Gott gäbe. Herr K. sagte: »Ich rate dir, nachzudenken, ob dein Verhalten je nach der Antwort auf diese Frage sich ändern würde. Würde es sich nicht ändern, dann können wir die Frage fallenlassen. Würde es sich ändern, dann kann ich dir wenigstens noch so weit behilflich sein, daß ich dir sage, du hast dich schon entschieden: Du brauchst einen Gott«. (Bertolt Brecht, Geschichten vom Herrn Keuner. In: Gesammelte Werke Bd. 12, Frankfurt 1967, S. 380)

Es gefällt mir nicht, am Tisch zu sitzen und die Erfahrungen anderer in mich hineinzustopfen. Ich will selber Erfahrungen machen und will Pionier im Dickicht des Lebens sein. (Erwin Strittmatter, Selbstermunterungen. Berlin, DDR, 1982, S. 30)

13. Sonntag nach Trinitatis

Predigttext: Apostelgeschichte 6,1–7
Georg Blum

Theologisch-homiletische Skizze

Als Hinweis zur Auslegung z. St. im Ergänzungsband »Exegesen« erscheint mir bedeutsam: Lukas hat die Organisation der Gemeinde seiner Zeit in die Anfangszeit zurückprojiziert. Es geht ihm um Legitimierung dieser Organisation.« Die frühe Christenheit hat im Unterschied zu allen Religionsgemeinschaften keinen besonderen Stand von Priestern gekannt und war eher eine Sozialgemeinschaft als eine religiöse Gesellschaft.« Lukas hat als Problem wahrgenommen: Eine Gruppe sieht sich ausgeschlossen. Sah er auch, daß es da nicht nur um Spannungen aus wirtschaftlichem Anlaß ging? Da sind »Hebräer«, die nach wie vor den Traditionen ihres Landes und ihrer jüdischen Herkunft stark verhaftet sind und sich weiter an dem Rahmen orientieren, in dem sie immer gelebt haben, denen Gesetz und Tempel nach wie vor heilig sind. Die »Hellenisten« dagegen sind zwar nach Jerusalem gezogen, um den heiligen Stätten nahe zu sein, und sind nun zu Christen geworden, nehmen aber jetzt womöglich Jesu Ankündigung vom Ende des Tempels auf. Wenn die Unterschiede zwischen diesen Gruppen so grundsätzlich waren, wie konnte man die Spannungen aushalten oder lösen? Hat Lukas das Problem nicht verengt, um es mitsamt der Lösung des Konflikts für seine Zwecke nutzbar zu machen? Die Diakone, deren Wahl und Ordination er schildert, halten sich offensichtlich auch gar nicht an ihren Auftrag, für die Mahlzeiten zu sorgen, »Suppe zu kochen«. Sie erscheinen bald als Evangelisten (z. B. Apg. 21,8). Wenn Lukas' Berufung auf die Urgemeinde und die heilige Zuordnung von Ämtern und Bedürfnissen der Gemeinde sich nicht durchhalten ließ und läßt, ist zu fragen: In welcher Spannung stehen womöglich Minderheiten in unsern Gemeinden auch bei wohlbegründeter Gemeindestruktur zu Wortführern und traditionellen Mehrheiten und wie (wie wenig?) können neugeschaffene Funktionen jene einbeziehen? Und sollte unsere Problemsicht je umfassender sein als die früherer Christen, sind es unsere Lösungsvorschläge dann auch?

Ich möchte anknüpfend an Num. 11 Mut machen, auf das Eingreifen göttlicher »Begeisterung« stärker zu vertrauen als auf »Konfliktlösungs-Strategien«, um Spannungen »abzubauen«, »Defizite aufzufüllen«, »Maßnahmen zu ergreifen«, »Bereiche abzudecken« – sowohl im Hinblick auf Konflikte mit sehr materiellem Hintergrund (Benachteiligungen) wie auch grundsätzlicher Natur, wie dem Leiden an der Volkskirche und dem Pluralismus (?) ihrer Prioritäten, an Zuständigkeiten, Sakraments»verwaltung«, ihrem Ordnungsdenken. – Ich möchte eine Geschichte erzählen, in der Elemente der Lukasperikope und des heutigen Gemeindealltags vorkommen, die Problematik allgemein hilfreicher Organisationsmodelle, die Spannung der Ratlosigkeit und der Erwartung, wenn »Murrende« Anlaß zur Hoffnung bekommen und spüren, wie sie einbezogen werden in ein Ausbreiten von Wort und Hilfe.

Das Puzzlebild (s. u.) könnte dabei nützlich sein. Als »Männer aus eurer Mitte« kann sich jeder erfahren, der sich mit vielen (Num. 11!) dazu ausersehen sieht, sich »anzulegen«, zu andern zu gehören, vielleicht zu »passen«.

Zur Liturgie

Begrüßung

In der Urlaubszeit hat mancher anderswo Gottesdienste besucht und hat sie in guter Erinnerung. Vielleicht waren es schönere Kirchen, vielleicht war er selbst freier und aufnahmebereiter, vielleicht hat ihn hintennach jemand freundlich angesprochen und er spürte: ich gehöre ja dazu. Weil keiner am andern vorbei glauben oder feiern kann, schenke uns Gott rechten Anschluß aneinander!

Eingangswort

Psalm 107,4–9

Sündenbekenntnis

Herr, du lädst uns ein, an deinem Tisch zusammenzukommen. Wir aber sind innerlich noch weit auseinander, in dem, was wir erlebt haben, was wir empfinden, was wir meinen. Nimm hinweg, was zwischen uns steht und was uns trennt. Wir haben einander doch so vieles mitzuteilen, was uns umtreibt und am Herzen liegt.

Gnadenwort

Christus spricht: Ich bin der Weinstock, ihr seid die Reben ... Joh. 15,5

Kollektengebet

Herr, wir kommen uns oft verlassen und unverstanden vor, auch im Gottesdienst. Laß uns hier Menschen finden, die sich von dir zutiefst angesprochen fühlen und die uns deshalb auch verstehen können, zu denen wir passen. Du hast uns so verschieden werden lassen, aber dir ist jeder unersetzlich. So findest du für jeden das richtige Wort. Dein Geist kann machen, daß auch wir zueinander finden mit einem guten Wort und einander Halt geben.

Lesung

Numeri 11 in Auswahl, darunter Vers 28f. Präfamen dazu: Wir haben uns daran gewöhnt, daß wir nach zuständigen Spezialisten fragen, wenn jemandem wirklich geholfen werden soll. Aber Gottes Geistesgegenwart kann jeden von uns zu Mitverantwortung und Tat befähigen.

Glaubensbekenntnis

Wir glauben, daß Gott in der Verkündigung des Evangeliums, durch die Predigt, im Gespräch unter Menschen, die aufeinander zugehen und die Anliegen anderer sich nahe gehen lassen, uns seine Liebe zeigen will, wie er es zu allen Zeiten getan hat. Wir glauben, daß er uns fähig macht, Gemeinsamkeiten zu entdekken, und wo wir uns einander entzogen haben, uns zu vergeben. Herr, wir glauben, hilf unserm Unglauben.

Lieder
EKG 61,7; 469,3+6 So jemand spricht; 217,2; 159;
Singe Christenheit 647 Brich mit dem Hungrigen;
Singe Christenheit 776 Einer, der sein Kleid abgibt

Schlußgebet
Jesus, unser Christus, wir danken dir, daß du unser Bruder und Freund bist, daß wir mit dir und untereinander verbunden sein dürfen!
Daß wir bereit werden, dein Wort zu beherzigen und auch auf die leisen Seufzer der Menschen neben uns zu hören, bitten wir dich: Herr, erbarme dich!
Daß wir erkennen, was uns die jungen Leute angehen, die noch keine Arbeit und keinen Ausbildungsplatz gefunden haben, bitten wir dich: Herr, erbarme dich!
Daß wir es lernen, auf die Beweggründe derer zu achten, die viel von ihrer Angst um die staatliche Ordnung und um die Zukunft reden, bitten wir dich: Herr, erbarme dich!
Daß wir in allen Absagen an überkommene Werte wie die eheliche Lebensgemeinschaft die Sehnsucht nach dauernder Liebe nicht überhören, bitten wir dich: Herr, erbarme dich!
Daß wir die Enttäuschungen derer nicht übergehen, die sagen, mit der Kirche fertig zu sein, daß wir sehen, ob unser Platz nicht an ihrer Seite ist, bitten wir dich: Herr, erbarme dich!
Herr, du kannst das Netz gerade da neu knüpfen, wo einer in Einsamkeit und Verbitterung abzustürzen droht, mit unserer Hilfe. Darum: Herr erbarme dich!

Vorschlag für die Predigt
Möglicher Anfang
Ich gebe zunächst mit eigenen Worten die Situation der Gemeinde in der verlesenen Perikope wieder und sage dann: Ich versuche, angesichts der Situation dieser Gemeinde an heutige Verhältnisse zu denken. Dazu habe ich mir folgende Geschichte ausgedacht. Aber bitte, überlegen Sie, ob ich von einer fremden Gemeinde erzähle:
Richtig froh war er gewesen, als es soweit war: zu siebt hatten sie im Halbkreis vor ihm um den Altar gestanden, und er hatte ihnen und der versammelten Gemeinde diese Geschichte vorgelesen und nach ermutigenden Worten jedem von ihnen die Hand gedrückt. Mit bestimmten Namen und Personen waren nun

die vielfältigen diakonischen Aufgaben in der Gemeinde verknüpft. Und alle zusammen sollten sich im Diakonieausschuß anregen und austauschen. Mit diesem Ausschuß war er schon in eine Nachbargemeinde eingeladen, um dort dieses Modell der Arbeitsteilung vorzustellen. Der eigenen Gemeinde hatte er nicht verhehlt, daß er sich nun von etlichen Aufgaben entlastet sähe, die er kaum auch nur richtig in den Blick bekommen, geschweige denn zu erfüllen hatte hoffen können.

Dann war ein Jahr mit gelegentlichen Ausschußsitzungen ins Land gegangen. Und heute, so schien es, war das Ende der schönen Träume schon gekommen. In dieser Gemeindeversammlung wollten seine Mitarbeiter die ernüchternde Bilanz ziehen. Und so stolz er, der Pfarrer, damals war, so sehr kam ihm dies wie eine persönliche Niederlage vor.

Da war der erste aus ihrem Kreis ans Pult getreten und hatte berichtet: Ich sollte mich um die Ausländer hier am Ort kümmern, um griechische Gastarbeiterfamilien, weil ich deren Heimatland ein bißchen kenne. Aber sie wollen unter sich bleiben. Man hat sie bei den Mieten übervorteilt, sie treffen sich in einem eigenen Gemüseladen und warten auf den Erzpriester, der einmal im Jahr vorbeikommt.

Und der zweite sagte: Ich wollte ab und zu Patienten in den umliegenden Krankenhäusern besuchen. Aber die Angehörigen sagten's mir nicht, wo einer von hier krank lag.

Die dritte, aus dem Bastelkreis, rühmte den Bazarerlös, bekannte aber, eigentlich habe man keine rechte Freude am Verteilen, sprich Überweisen des Geldes, da der persönliche Kontakt in die Dritte Welt fehle.

Der vierte, ein Kirchenvorsteher, bedauerte, daß seine Werbung für ein allmonatliches Gemeindeessen nach dem Gottesdienst so wenig Resonanz gefunden hatte und daß er in Sachen Arbeitslosenhilfe sich gerade für *eine* ABM-Maßnahme im Kindergartenausschuß hatte stark machen können.

Die fünfte hatte zwar alle Karten für das Müttergenesungswerk verkauft und die Konfirmanden zum Sammeln gewinnen können, war aber entmutigender Abweisung und Gleichgültigkeit begegnet. Das hatte sie tief deprimiert.

Die sechste hatte die Altenausflüge organisiert. Das war erfreulich »gelaufen«. Doch wollten die Senioren die gestiegenen Fahrtkosten nicht mehr bezahlen.

Der siebte schließlich hatte einfach erklärt, dem Pfarrer bei Altenbesuchen helfen zu wollen. Aber angesichts seiner beruflichen Überlastung war er über anfängliche Versuche nicht hinausgekommen und darüber selbst entmutigt.

Nach diesen Berichten entstand betretenes Schweigen. Wer wollte da schon widersprechen, wer wagte es, neue Vorschläge zu machen. Im besten Fall hätte man ihn selbst aufgefordert: Kümmern Sie sich darum! Nun würde von ihm, dem Pfarrer, erwartet, einen Ausweg aus der bedrückenden Situation zu zeigen, ein erlösendes Wort zu sagen. Der Verkündiger mußte doch den Überblick auch über die diakonischen Bedürfnisse und über geeignete Leute und Talente in der Gemeinde behalten haben, und er brauchte doch auch weiterhin Entlastung, um seinen seelsorgerischen und organisatorischen Pflichten nachzukommen. Viele, so spürte er, wären jedenfalls erleichtert, wenn er jetzt einen Vorschlag gemacht hätte.

Zum weiteren Verlauf

Nicht wahr, liebe Gemeinde, das klingt gar nicht so fremd. So versuchen einige immer wieder einmal, die Liebesdienste in der Gemeinde neu zu beleben und werden, aus den verschiedensten Gründen, doch bald wieder mutlos.

Es wäre schlimm, wenn die Geschichte damit zu Ende wäre. Ich habe mir ausgedacht, wie sie weitergehen könnte:

Während der Pfarrer sich weiter zurückhält, kommen Vorschläge, die durch Ordnungen und Maßnahmen nicht zu erfassen sind: z. B.:

- ein Konfirmand meint, er könne auch den türkischen Kameraden zum Fußballspielen auf den Gemeindehausbauplatz mitbringen,
- ein früherer DDR-Bürger stellt eine peinliche Frage nach den Kontakten zur Partnergemeinde »drüben«,
- ein junger Mann erkundigt sich, wie es mit der Aktion »Früchteboykott« steht angesichts jüngster Meldungen aus Südafrika,
- jemand bemerkt, in der Nachbargemeinde würden nicht nur Kleider für Bethel, sondern auch Hilfsgüter für einen Transport nach Polen gesammelt,
- ein alter Mann ist voller Dank für die regelmäßigen Besuche eines Konfirmanden in seinem »Praktikum«,
- ein kleines Mädchen lädt diesen fremden Opa zum Sonntagsnachmittagskaffee ein, ohne seine Eltern vorher gefragt zu haben.

Möglicher Schluß

Liebe Gemeinde, ich habe Puzzlebilder verteilen lassen. Wozu? Bei einem Puzzle ist der Rahmen wichtig. Die äußeren Teile sind beim Sortieren ja leichter erkennbar und bald zusammengefügt, und ausgehend von diesem Rahmen kann man dann andere Teilchen suchen und nach innen hin anlegen. Ich denke dabei an den Aufbau einer, auch unserer, Gemeinde! Die »äußeren« Teile haben womöglich andere »Hände« sortiert und aneinandergefügt. Die Organisation, der Rahmen ist intakt. Sehen wir nur ins Telefonbuch: Jede Gemeinde ist mit einem Anschluß, manche mit vielen unter »Kirche, ev.« vertreten. Die Kirchenleitung hat einst die Pfarrstelle »errichtet«, Gemeinderäume wurden mit den Zuschüssen unbekannter Kirchensteuerzahler gebaut, etliche Mitarbeiterinnen und Mitarbeiter, die mancher nicht einmal mit Namen kennt, sind »angestellt« und arbeiten mit »Dienstanweisung«, viele Veranstaltungen werden »durchgeführt«, und in irgendeinem Bericht steht, die Gemeinde sei räumlich und personell rundum gut versorgt. Wie aber empfinden das alle diejenigen, die noch nicht »ihren« Platz in der Gemeinde gefunden haben, die nur feststellen:

der monatliche Gemeindebrief liegt im Briefkasten, es »funktioniert« noch alles wie gewohnt? Ob sie »aufbegehren«, »murren« wie die Witwen in der ersten Gemeinde? Ob sie sich mit einem von uns »an-legen«? Ob sie denken, ich passe doch nicht in diesen Rahmen, zu diesen Menschen? Diese »Angebote« sind nichts für mich?
Aber wir, jeder von uns, könnten uns einmal und immer wieder fragen: Gibt es zwischen dem und mir nicht etwas Gemeinsames? Eine gemeinsame Sorge? Einen häufig benutzten gemeinsamen Weg? Ein ähnliches Lebensschicksal? Ein gemeinsames An-liegen? Es könnte die Seite an uns sein, an der wir mit ihm zusammenpassen sollen und sogar Halt aneinander finden dürfen. Und vielleicht ist da noch jemand, der von einer andern Seite vor Gottes Augen zu ihm oder zu uns »paßt«? (So könnten wir einander wie auf dem Puzzle »in die Mitte nehmen«). »Die Botschaft Gottes breitet sich auch weiterhin aus« – durch Menschen, die Gottes Nähe andern verkörpern, obwohl sie die auf den ersten Blick für »nicht passend« hielten. Auch wo Gemeinden so groß geworden sind, wie wir es erleben, darf Orientierung und Halt hautnah erfahren werden. Die »Gute Nachricht« findet nicht nur Organisationsformen, sondern Menschen mit »Heiligem Geist und Weisheit«, also Leute, die wissen, wohin sie heute gehören, an wessen Seite sie das verwirrende und bunte Bild einer Gemeinde miterstehen lassen dürfen und sollen.

Laßt uns Gott um seinen Geist bitten, daß keiner von uns die Anliegen seines Nachbarn überhört, daß wir sehen, wo er uns angeht. Laßt uns bitten, daß Gott uns verstehen hilft, warum ein anderer sich mit uns an-legt. Laßt uns Gott um Einfühlungskraft bitten, daß wir uns zueinander wagen, einander öffnen und Halt geben. Amen.

Alternativ

Die Karikatur könnte Anlaß zu einigen Überlegungen geben:
In jeder Gemeinde gibt es Gott sei Dank Menschen, die sich sichtbarer Nöte und Bedürfnisse annehmen (Krankheiten, Alter, Organisation). Mancherorts gibt es dazu festangestellte Diakone. Einem solchen kann man dann alles aufladen, was man selbst nicht tun kann oder mag – und sei es den Besuch beim alleinlebenden Nachbarn. Wie lang wird er das alles gern übernehmen? Wie lange werden alle, die seine Hilfe erwarten, zufrieden sein mit ihm? Ist sein Wagen überlastet, platzt der Reifen. Manchmal hat man bei uns auch den Eindruck: Die Luft ist raus. Aber ein Hauch von Gottes Geist will uns erreichen, uns stark machen, daß wir etwas auf uns nehmen ...

14. Sonntag nach Trinitatis

Predigttext: 1. Thessalonicher 5,14-24
Michael Schwekendiek

Theologisch-homiletische Skizze

Der erste Eindruck beim Lesen des Textes ist ausgesprochen positiv: Das ist – auch nach nur einmaligem Lesen bzw. Hören – leicht zu verstehen. Vieles ist mir sogar ganz geläufig – die »schräggedruckten« Worte, die einem immer wieder auf Konfirmations-, Tauf- oder Trauurkunden begegnen. Auch dem Inhalt kann ich durchaus zustimmen. Die Bedenken kommen dann, je länger ich über den Text nachdenke (Schicksal eines Predigers?!): Der Abschnitt ist ungeheuer »gefüllt«. Mehrere Themen, die gut und gerne für drei oder vier Predigten reichen, folgen hier unmittelbar aufeinander. Die Gefahr, eine Paränese wie diese in einer Predigt einfach mit anderen Worten zu wiederholen, ist nicht zu übersehen. Zu leicht wird dann das, was Paulus den Thessalonichern in einer ganz bestimmten eschatologischen Erwartung mitgeteilt hat, zu einem Katalog von Vorschriften christlich-bürgerlichen Wohlverhaltens. Die Ermahnungen des Paulus erfolgen in einer ausgesprochen warmen, herzlichen Art – wohl dem, dem es gelingt, das für die Predigt zu übertragen – zu leicht aber kann man bei solchen Worten auch einfach nur zustimmend mit dem Kopf nicken, ohne sich direkt angesprochen zu fühlen, ohne einen Anlaß zu sehen, sein Verhalten vielleicht zu überdenken oder gar zu ändern.
Ganz offensichtlich aber ist der Text auch ein Text gegen ein solches bürgerlich-anständiges, angepaßtes Denken; zumindestens, um es vorsichtig auszudrücken, kann man ihn so verstehen: »Böse« (Vers 22) ist nämlich dann, sich einfach den Mächtigen um jeden Preis anzupassen (eine Gefahr, in der nicht nur einige Thessalonicher standen, sondern die etablierte Kirche immer wieder!), während »gut« (Vers 21) das Handeln im Sinne Jesu war, das bedingungslose Eintreten für die Schwachen (Vers. 14), Unterdrückten und Hilflosen. Diese Interpretation schließt sich der Exegese von Hans Werner Bartsch (Gottesdienstpraxis Exegesen VI 4) an. Eine Exegese, die insbesondere im 2. Teil den vorliegenden Text überschreiben könnte: Absage an alle Angepaßtheit. Ein für mich faszinierender Gedanke bei dieser Perikope. Dabei will ich nicht verhehlen, daß ein solcher Gedanke sicherlich nicht – erst recht nicht für den Hörer – gleich auf der Hand liegt. Ja, selbst in der gesichteten exegetischen Literatur kommt er allenfalls am Rande vor (vgl. aber schon Stählin in Predigthilfen II, S. 346: »Wo wirklich der Heilige Geist Menschen erfüllt, bewegt, entflammt, da soll man nicht das bürgerliche Behagen, die bequeme Mittelmäßigkeit, die brave Gewohnheit vor der Beunruhigung durch das Außerordentliche und Ungemeine schützen ...«). Ich halte jedoch diese Exegese für schlüssig und vor allem für die Predigt für wichtig. Vielleicht ist eine solche Paränese nur noch so zu predigen. Dieser »wohlgefällige« Text wird dann nämlich ein Text gegen gutbürgerliche Angepaßtheit, die christlich verkauft wird. Er wird ein Text für den bedingungslosen Einsatz für das Gute (Vers 21), für die Schwachen und Ängstlichen; und schließlich ein Text von der Güte Gottes (Vers 23f.)

und von seinem (!) Frieden, der »höher ist als alle Vernunft«, der nicht machbar ist, sondern geschenkt wird.

Vorschläge zur Liturgie

Wer andere als die vorgesehenen Texte im Gottesdienst verlesen will und kann, den möchte ich verweisen auf Matth. 5,14-16 oder 7,12–23 sowie auf Röm. 5,1–5 oder 8,31bff.

Lieder

EKG 283, Von Gott will ich nicht lassen ...; EKG 244, Ich ruf zu dir ...; EKG 383, O Gott, du frommer Gott ... Vers 1–5.

An neuen Liedern verweise ich vor allem auf das Liederheft zum Kirchentag 1983 in Hannover (jetzt auch Beiheft zum EKG für Niedersachsen): Nr. 655, Herr, gib uns deinen Frieden; Nr. 702, Glauben heißt, Christus mit Worten zu nennen. Aber auch: ihn mit dem Leben bekennen ... (Dieses Lied eignet sich auch als Gebet!).

Vorschläge für Gebete

Nach der Predigt

»Ermutigt die Ängstlichen. Helft den Schwachen.«

So haben wir gehört.

Aber wie oft, lieber Vater, gehören wir selbst dazu. Zu denen, die mehr Mut brauchen. Mehr Kraft. Um nicht zu leicht den Weg des geringsten Widerstandes in deinem Namen zu gehen. Um nicht bei jedem Widerstand gleich aufzugeben.

Gib uns Mut, Herr. Gib uns Kraft. –

»Prüft alles, und das Gute behaltet.«

So haben wir gehört.

Wie gern würden wir das Gute behalten. Für uns. Das Angenehme, Passende, ohne viel Lärm und Aufsehens. Ob es auch gut für andere ist?

Lehre uns prüfen, Herr, zu unterscheiden und zu entscheiden. –

»Gott, der euch berufen hat, wird euch auch vollenden. Er steht zu seinem Wort.«

So haben wir gehört.

Es ist gut, lieber Vater, daß du zu uns stehen willst – auch wenn wir versagen, auch wenn wir versacken, wenn wir einfach nur noch mitlaufen oder an unsere Grenzen kommen.

Im Vertrauen darauf, daß du bei uns bleibst, bitten wir dich jetzt besonders für: ... (Hier sollte ein spezielles Anliegen aus der Predigt aufgenommen werden; die Fürbitte für Menschen, die »das Gute« gegen den Widerstand der Mächtigen bewahren und festhalten.)

Fürbitten
Ein »Arbeitskreis Gottesdienst« aus dem »Sachsenhain« bei Verden/Aller hat schon 1968 neue Fürbittengebete erarbeitet mit einem immer wiederkehrenden Eingangsteil, der sich m. E. gerade auch nach dieser Predigt anbietet:
»Herr, unser Gott, wir kommen zu dir mit unserem Gebet, weil Jesus Christus uns dazu Mut gemacht hat. Wir bekennen dir unsere Angst und unsere Sorge: um uns selbst, aber auch um die Welt und ihre Zukunft, um die, die uns nahestehen, aber auch um die, die wir nicht erreichen.
Wir bessern und helfen so wenig, wo alle Welt auf Besserung und Hilfe wartet. Darum bitten wir dich heute besonders ...« (es können konkrete Anliegen aus der Predigt aufgenommen werden). (Aus: Neue Texte f. d. Gottesdienst 1971)

Zur Übersetzung
Der Luther-Text dürfte manchen Hörern vertraut sein, darin liegt sein Vorteil; die »Gute Nachricht«, nach der hier zitiert wird, erscheint mir, besonders auch für Konfirmanden, etwas »griffiger« und verständlicher und ist auch vom Urtext her gesehen durchaus akzeptabel.

Zur Predigt
Möglicher Anfang
Ich erinnere mich noch sehr gut daran: Wenn wir früher nach den Semesterferien oder einem freien Wochenende zurückfuhren ins Studium, brachten uns meistens die Eltern zur Bahn. Dort, kurz vor Abfahrt des Zuges, auf dem Bahnsteig oder auch, wenn man noch einmal kurz aus dem Abteilfenster sah, fielen ihnen dann oft noch ganz »wichtige« Dinge ein: »Hast du auch alles? – Denk doch daran, daß du die Studienbescheinigung schickst. Ruf an, wenn du da bist, und schreib auch mal! – Rauch nicht soviel! – Hast du die Taschentücher noch eingesteckt? – Sieh zu, daß du deine Arbeit fertig kriegst! Sei vorsichtig mit dem Geld! ...«
Der Zug rollte mitunter schon bei den letzten Wünschen und Ermahnungen. Meistens allerdings hatte ich ohnehin nicht recht zugehört. Elterliche Ermahnungen – ganz lieb gemeint, aber für einen knapp 20jährigen nur bedingt ernst zu nehmen ...
Vielleicht ist es Ihnen bei dem Predigttext ebenso gegangen. Ermahnungen des Paulus am Schluß des 1. Thessalonicherbriefes. Gut gemeinte Ermahnungen. Aber wir, wir haben das doch so oder ähnlich schon x-mal gehört: Ermutigt die Ängstlichen, helft den Schwachen und Unterdrückten, vergeltet nicht Böses mit Bösem, seid immer fröhlich, dankbar, freundlich. Ja, natürlich, da kann man nur nicken. Aber geht es uns, offen gesagt, nicht ebenso wie bei den gutgemeinten Ermahnungen unserer Eltern früher? Es berührt einen kaum noch, verunsichert nicht, betrifft uns nicht.

Das mag z. Zt. des Paulus ganz anders gewesen sein. Die Gemeinde in Thessalonich war an wenigen Händen abzuzählen. Sie war überschaubar. Einer kannte den anderen und wußte genau, wer zu den Schwachen gehörte, denen man helfen mußte, zu den Ängstlichen oder Ungeduldigen. Außerdem lebte man in der unmittelbaren Erwartung der Endzeit, da zählen solche Ermahnungen ganz anders. Aber heute ...?

Zum weiteren Verlauf
Ich würde im folgenden kurz aufzeigen, welche Gefahr darin liegt, die paulinische Paränese einfach zu einem bürgerlichen Tugendkatalog zu degradieren. Es geht weder zu Paulus' Zeiten noch heute darum, »fein stillzuhalten«.
Es sollte hier auch noch einmal kurz auf die Situation in Thessalonich eingegangen werden. Ich verweise vor allem auf die Exegese im Supplementband, bes. zu Vers 19f. (»Wir müssen ... bedenken, daß damals Anpassung an die bestehenden Verhältnisse, das Erkaufen der Anerkennung durch die Mächtigen das Böse war, während Eintreten für die Unterdrückten, die Proklamierung des Friedens ohne Bedingung das Gute, die Heiligung durch den Gott des Friedens [Vers 23] bedeutete.«)
Die Gemeinde Jesu Christi hat wie er, Christus selbst, zu allen Zeiten vor allem dann Schwierigkeiten gehabt, wenn sie nicht auf der Seite der Mächtigen stand. Sie hat vor allem dann Schwierigkeiten gehabt, wenn sie das »Gute« hielt und behielt (Vers 21) und andere eben dieses für schädlich oder schlecht hielten. Schließlich aber ist die Gemeinde Jesu Christi zu allen Zeiten besonders glaubwürdig dann gewesen, wenn sie auch gegen die Mächtigen, die Meinungsmacher, ja, mitunter sogar gegen die Mehrheit ihren Herrn bezeugt hat; sein bedingungsloses Eintreten für die Schwachen, seine bedingungslose Liebe und Annahme.
(Beispiele hierfür sollte es genug geben: die Bekennende Kirche im 3. Reich; die kath. Kirche in Polen; die Äußerungen der kath. Bischöfe in den USA zur Atombewaffnung etc. Es wäre sicherlich besonders gut, wenn hier Beispiele aus dem unmittelbaren Erleben der Gemeinde angeführt werden könnten, wo Kirche, Gemeinde Jesu Christi glaubwürdig geworden ist oder werden kann gerade auch in Auseinandersetzung mit anderen.)
Wer so lebt, wer sich nicht anpaßt um jeden Preis, nicht an die Mächtigen, nicht an das Bestehende, wer sich so bekennt, der riskiert, daß er nicht verstanden wird.
Der riskiert, daß man ihn verlacht oder rauswirft, daß er Unfrieden erntet, wo er Frieden säen will. Das hat Christus erfahren. Das hat offensichtlich die Gemeinde in Thessalonich erfahren. Und das hat Paulus erfahren.
Aber er, Paulus, weiß sich dabei getragen von einer Zuversicht, die ihm Kraft gibt. Von einer Freude und Dankbarkeit in allem und trotz allem. Davon möchte er etwas weitergeben (Vers 16ff.).

Möglicher Schluß
Gute Appelle und Ermahnungen nützen da vielleicht nicht. Zu leicht gehen sie an einem vorüber. Mir hat jemand zu diesem Text gesagt, daß eine Predigt so sein müßte, daß sie keinen Appell braucht; daß sie so für sich spricht; daß der, der das Wort begriffen hat, von selbst anfängt, »das Gute zu bewahren«, den Frieden zu stiften und das Böse zu meiden. Ohne Angst. Getragen von der Hoffnung, daß der Gott des Friedens mit ihm ist. »Gott, der euch berufen hat, wird euch auch vollenden. Er steht zu seinem Wort.« Diese Erfahrung wünsche ich uns.

Konkretionsmaterial

Ausschnitt aus einer Kriegsdienstverweigerungsverhandlung:
Vorsitzender: ... möchte ich Sie bitten, daß sie uns Ihren Antrag noch einmal mündlich begründen und uns sagen, warum Sie den Wehrdienst nicht leisten wollen.
Antragsteller: Weil ich Christ bin.
Vorsitzender: Also, da müssen Sie schon ein bißchen mehr bringen. Christen sind wir doch alle. Die meisten jedenfalls. Das allein reicht doch noch lange nicht!

Ich war vor einiger Zeit zum ersten Mal im Krankenhaus. Stationär. Ein gutes Krankenhaus, so hatte man mir gesagt. Auf das Modernste ausgerüstet. – Ehe man sich versieht, hat einen diese perfekte Maschinerie aufgesogen: Man wird durchleuchtet, gemessen und bemessen, herumgeschoben, weitergegeben, analysiert, desinfiziert, katalogisiert – und weiß kaum, wozu jede einzelne Untersuchung dienen soll. Die Ärzte lernt man nur am Rande kennen, alle anderen – außer dem Stationspersonal – ohnehin nicht. Schließlich habe auch ich das ständige Nachfragen aufgegeben und lasse willig alle Untersuchungen und Analysen über mich ergehen. Ich bin ein Teil der Maschine geworden. Ich funktioniere. Anders ist es vielleicht ja auch nicht möglich – oder?
Mein Bettnachbar, 75 Jahre alt, meint: »Man muß hier wie ein Schaf sein. Immer mitlaufen mit der Herde. Nur nicht auffallen. Das ist doch wie im ganzen Leben.«
Kann man in seinem Leben immer »wie ein Schaf« sein?

Anfrage bei Jugendlichen, ob jemand bereit sei, 1–2 × pro Woche eine ältere Dame im Rollstuhl auszufahren. Einer meldet sich sofort. Viele andere: »Was gibt's denn dafür?« – »Nichts«. »Und du machst das trotzdem?« – »Na, klar!« Kommentar von hinten: »Selbst schuld ...«.

Kontexte

»Das eigentliche Exil Israels in Ägypten war, daß sie es ertragen gelernt hatten«, sagt der Rabbi Chanoch in den Chassidischen Geschichten ..., und das eigentliche Exil der Christen in der ersten Welt besteht darin, daß wir es ertragen gelernt haben. Wir sehen unser Leben in den Überflußgesellschaften nicht so an, als seien wir in Ägypten, wir haben uns vielmehr soweit angepaßt, daß wir uns mitten in Ägypten, unter der Herrschaft des Pharao, zu Hause fühlen.« (D. Sölle in: Wählt das Leben, Stuttgart/Berlin 1980. S. 7f.)

»Wir leben ... im Augenblick in einer Kirche, in der – ich glaube, das ist keine Diffamierung – sehr viele Kirchenmitglieder nicht mehr wissen, was eigentlich das Wesen des christlichen Glaubens ist. Wenn die Christenmenschen das nicht mehr wissen, werden politische Stellungnahmen der Kirche nur danach beurteilt, ob sie zur eigenen politischen Meinung passen oder nicht passen. Dann erhebt sich der Schrei, die Kirche soll gefälligst neutral sein.
Erst wenn Kirchenglieder wissen, daß die Kirche Jesu Christi unter einem anderen Herrn steht und deshalb auch unter Umständen andere Aussagen machen muß, als es gesellschaftlich, politisch oder anders opportun ist, werden sie mitmachen und den Aussagen der kirchlichen Gremien die nötige Rückendeckung geben können.« (Horst Hirschler, in: Vorlagen 8, Wie politisch darf die Kirche sein? Hannover 1981, S. 25)

Erntedankfest

Predigttext: Hebräer 13,15–16
Jürgen Schwarz

Theologisch–homiletische Skizze

»Ernte« ist für viele Menschen kein Thema mehr. Hungersnöte gibt es nur in entlegenen Teilen der Welt. Bei uns sind jederzeit alle Lebensmittel verfügbar. Deshalb geht das Empfinden, von der Natur abhängig zu sein, verloren und macht der Einstellung Platz, alle Dinge in unbegrenzter Fülle herstellen zu können.
Was kann man »ernten«? Getreide, Obst, Kartoffeln, die Früchte seiner Arbeit, Anerkennung, Lob, Lorbeeren. Hinter all dem steht der Gedanke, daß sich »Ernte« einstellt, wenn man sich nur Mühe gibt. Selbst die Beobachtung, daß einige ernten, wo sie nicht gesät haben, setzt den Leistungsgedanken voraus, preist Eifer und Anstrengung, verheißt Lohn und Gewinn.
Wem sollte ich dann dankbar sein? Dankbarkeit verliert ihre Grundlage, wenn ich nur an mich selbst denke. Ich kann mir nicht selbst dankbar sein. Die Gedanken müßten schon in eine andere Richtung gehen. Was verdanke ich nicht mir selbst? Was wächst mir zu, ohne daß ich es planend bewirken kann? Was füllt mein Leben aus, daß ich nicht das Gefühl habe, leer zu bleiben? Denn auch das gehört zu den Grundgefühlen unserer Zeit: Je mehr ich mich am Warenangebot der Konsumgesellschaft (Kleider und Schuh, Essen und Trinken, Haus und Hof, Weib und Kind, Acker, Vieh und alle Güter!) orientiere, desto unfreier wird mein Leben.
Ein »Fest« feiern können nur freie Menschen. Wer sich frei macht vom Zwang der eingeteilten und verplanten Zeit, hat Zeit zum Feiern. Er kann ein Stück »Ferien«-Zeit im Alltag verwirklichen. Wer dagegen die Zeit totschlägt, handelt nicht anders als einer, der Getreide verbrennt, Kaffee ins Meer schüttet und Obst auf Müllhalden kippt.
Die Annäherung des vormals landwirtschaftlich orientierten Erntedankfestes an die industriell bestimmte Gegenwart ist schwierig. Es hat keinen Sinn, die Predigt zum Forum ökologischer Auseinandersetzungen oder biodynamischer Anbaumethoden zu machen. Es hat auch keinen Sinn, die Früchte des Feldes durch Industrieprodukte zu ersetzen. Wichtiger wäre es, deutlich zu machen, wo wir alle unverdientermaßen beschenkt werden und welche Folgerungen wir daraus zu ziehen haben. Die für diesen Tag vorgesehene Perikope ist nach der alten Predigttextreihe ein Marginaltext. Der Text ist so »randständig«, daß es schwerfällt, von ihm aus eine originäre Beziehung zum Erntedankfest herzustellen. Die Aufforderung zur Wohltätigkeit, zum Gemeinsinn und zur Selbstlosigkeit könnte sehr leicht zu einer moralisierenden Predigt führen, wenn man etwa bei den »Opfern, die Gott erfreuen« an sühnende Liebestaten im jüdischen Sinne denkt. Ganz anders sieht es aus, wenn man an diesem Tag die Dankbarkeit betont, die aus der Freude über ein Geschenk entsteht, dessen man sich vielleicht erst nach und nach bewußt wird. Ansatzpunkt einer solchen Predigt könnte das Leben selbst sein (Geburt, Liebe, Gesundheit, Glück,

Frieden, Freiheit). In unserem Falle soll der Gedanke an die Zeit als Gabe und Aufgabe Grundlage der Predigt sein. Erntezeit = Ernte Zeit!
Die Aufforderung, die Zeit zu ernten, meint folgendes:
1. Zeit ist eine unverdiente dauerhafte Gabe an den Menschen, die man nicht herstellen kann, die einem jeden Tag aufs neue zuwächst und die man nicht horten kann. Wer es dennoch versucht (Beispielerzählung vom reichen Kornbauern), verliert sich selbst und Gott.
2. Die Gabe Zeit, die man weder verkürzen noch verlängern kann, gilt es anzunehmen (nicht abzulehnen: Suizid) und recht zu nutzen (nicht totzuschlagen: Alkohol, Drogen, Vergnügungsindustrie).
3. Große Opfer werden leichter gebracht als kleine, unscheinbare. Im großen Opfer brüstet sich der Mensch vor sich selbst und anderen. Anzustreben wäre das kleine, unscheinbare Opfer des Alltags, die Treue im kleinen. Opfer als dankbare Hingabe eigener Lebensmöglichkeiten ist eine Antwort auf Gottes gnädiges Handeln. Nicht als Sühne! Alle Sühne ist schon von Christus dargebracht.
4. Wichtiger als das Abgeben von Dingen (Almosen-Mentalität) ist es, daß ich mich selbst abgebe. Das fällt mir schwer: Zeit opfern statt Geld. Auch Kirchensteuern, Kirchgeld und Kollekten haben uns das Opfern fast abgewöhnt, das nur wiedergewonnen werden kann durch eine Gefühlsverbindung zwischen Geber und Empfänger.
5. Die rechte Nutzung der Zeit zeigt sich zum einen darin, daß ich mir Zeit nehme und dann Zeit habe für Dankbarkeit und Freude, Feier und Gottesdienst (»Lobopfer« als »Frucht der Lippen«), zum anderen darin, daß ich Zeit opfere, d. h. mit anderen teile in jeder Form von Gemeinschaft und Dienst (»wohlzutun und mitzuteilen«).
6. Ernte ist auch ein Bild für Gericht. Wer die Zeit konservieren will (Jugendkult, Kosmetik), verliert sie.

Vorschläge zur Liturgie

Gebet

Guter Geist, hilf uns spüren, wann die Entscheidungen reifen und wann sie fallen, damit wir unsere Zeit nicht versäumen. Laß uns im richtigen Augenblick eintreten für das, was dem Leben dient. (Gottesdienst menschlich 2, Jugenddienst-Verlag 1980, S. 134)

Lieder

EKG 228, 232, 375, 380, 647. Unser Leben sei ein Fest (P. Janssens, aus: Wir haben einen Traum, 1972)

Lesungen

Gen. 8,20–22; Lk. 12,13–21

Bittruf und Lobpreis

Wir danken Gott für die Ernte auf den Feldern, für den Ertrag unserer Arbeit. Wir wissen, daß wir ihm unseren Dank oft schuldig bleiben und gedankenlos hinnehmen, was uns geschenkt ist. Wir bitten um Vergebung und rufen: ...

Gott gibt uns, was wir brauchen, und mehr, als wir brauchen. Er läßt seine Sonne aufgehen über die Bösen und die Guten; er läßt regnen über Gerechte und Ungerechte. Er beschämt uns mit seiner Geduld. Wir danken ihm für seine unbeirrbare Liebe und singen: ...
(Zippert, Neue Gottesdienstgebete, Gütersloher Verlagshaus 1981, S. 35)

Vorschläge für die Predigt
Möglicher Anfang
(Worin das *Lobopfer* seine Grundlage hat)
Vor einigen Tagen (Wochen) konnten wir wieder einmal in der Zeitung lesen (im Fernsehen hören): (Aktuelles Beispiel über eine Mißernte infolge ausgebliebener Regenfälle oder einer Plage mit anschließenden Versorgungsschwierigkeiten, Hungersnöten, Todesfällen).
Wir sind von solchen Ernteausfällen nicht betroffen. Zwar mag die Ernte bei der einen oder anderen Frucht nicht so reichlich ausgefallen sein wie im Vorjahr, aber wir haben immer genug zu essen und zu trinken. Ja, oft merken wir nicht einmal etwas von der Ernte. Daß es Herbst wird, zeigt sich für uns meist darin, daß die Tage merklich kürzer und auch kälter werden und daß wir manchmal schon die Zentralheizung in Betrieb setzen müssen. Dennoch dürfen wir das Bild von Saat und Ernte nicht aus den Augen verlieren, denn es führt uns zu einem besseren Veständnis unseres Lebens. Während wir oft der Meinung sind, unser Leben ließe sich planen und einrichten, regeln und absichern, dann sei der Erfolg als Ergebnis unserer Anstrengungen auch nicht allzu ferne, so legt uns die Erntezeit eine andere Einstellung zum Leben nahe. In Wahrheit leben wir ohne unser Zutun. Wir werden geboren, ohne es verdient zu haben. Wir sterben, ohne uns das Ende ausgesucht zu haben. Tag für Tag ernten wir, was wir nicht gesät haben und was uns einfach zuwächst: Glück und Liebe, Frieden und Freiheit und noch vieles andere mehr. All das erleben wir nur in der Zeit, dieser Spanne zwischen Anfang und Ende. Die Zeit ist aber nicht eine leere Größe, ein Abstand zwischen gestern und morgen, sie ist selber ein wertvolles Gut, das wir jeden Tag neu geschenkt bekommen und dessen wir uns erst bewußt werden, wenn wir es verloren haben. Über dieses Geschenk der Zeit und seine sinnvolle Verwendung wollen wir am Erntedankfest nachdenken.

Zum weiteren Verlauf
1. (Warum wir *Gott* loben sollen) Gott schuf die Zeit (Gen. 1,5b) und garantiert ihren Bestand (Gen. 8,22). Gott schenkt uns die Zeit. Dafür sind wir ihm dankbar.
2. (Warum wir ihn *allezeit* loben sollen) Gott nimmt sich für uns Zeit. Seine Verheißungen schließen die Zeit mit ein (Psalm 50,15; Mt. 11,28; Lk. 11,9). Viele Menschen haben es erfahren: Wenn einem ein Angehöriger durch den Tod ent-

rissen wird, wenn eine Ehe zerbricht, wenn die Verzweiflung im eigenen Leben um sich greift, kann man mit Gott reden. Er hört immer zu, er hat immer Zeit. Wo gibt es das noch unter Menschen? Zeitungsmeldung: Menschen lassen sich dafür bezahlen, daß sie anderen zuhören. Wer sich für Gott Zeit nimmt, merkt, daß er vieles gelassener angehen kann.
3. (Wie Gott *durch ihn* wirkt) Jesus nimmt sich für uns Zeit. Er hat den Sabbat gehalten, aber zwei Dinge hinzugefügt: sein helfendes Tun und seine schenkende Freude. Heilungen an Gelähmten, Blinden, Aussätzigen.
4. (Worin sich *die »Frucht der Lippen«* zeigt) Wer erntet, sollte das unverdient Gewonnene recht einsetzen. Aus dem Haben müßte ein neues Sein entstehen. Die Haltung des reichen Kornbauern als abschreckendes Beispiel. Zeit kann man nicht auf Vorrat ernten, obwohl der Kampf um mehr Freizeit (35-Std.-Woche, Verkürzung der Lebensarbeitszeit) dies nahezulegen scheint. Dennoch: Je mehr Zeit wir bekommen, desto weniger haben wir.
5. (Wie man *seinen Namen bekennen* kann) Es ist gar nicht so einfach, dem Augenblick zu leben. Manchen scheint das allzu sorglos zu sein: Man müsse doch immer die Vergangenheit und die Zukunft mit im Blick haben. Es gilt trotzdem: Wir leben immer nur in der Gegenwart. Nur der bewußt gelebte Augenblick sichert uns zu, daß wir uns in der Zukunft an die Vergangenheit erinnern können. Und was wäre ein Leben ohne Erinnerungen? Israel hat sich immer an das Handeln Gottes erinnert. Die Bibel hält uns zu einem solchen Leben an: Kaufet die Zeit aus! Das meint nicht einfach »auskosten« und »ausleben«, sondern mit vollem Bewußtsein das aus der Zeit herausholen, was jetzt in ihr »drin« ist. Wie bei jedem Kauf kann man nur etwas herausholen, wenn man etwas hineingibt. Wenn Liebe herauskommen soll, werden wir uns selbst hineingeben müssen.
6. *(Solche Opfer gefallen Gott wohl)* Die Dankbarkeit für die reichliche Zeiternte wird sich ausdrücken wollen: Zeit opfern für andere.

Möglicher Schluß

Wie oft kommt es vor, daß Ihnen die Straßenbahn vor der Nase wegfährt. Dabei hatten Sie es so eilig. 15 Minuten Wartezeit. Verlorene Zeit. Sie sitzen beim Arzt. Sie waren für eine bestimmte Zeit bestellt. Da kommt ein Notfall dazwischen. Wieder verlorene Zeit. Menschenschlangen im Supermarkt vor den wenigen Kassen. Alle Einkaufswagen sind bis zum Rand gefüllt. Es will nicht recht vorwärtsgehen. Noch einmal verlorene Zeit. Stau auf der Autobahn in dieser Hitze. Dabei ist die Fähre an der Küste schon gebucht. Man wird das Schiff wohl nicht mehr erreichen. Endgültig verlorene Zeit.
Wir alle kennen solche Zwischenfälle. Trotzdem könnte man sie auch anders sehen. Wartezeit ist auch geschenkte Zeit, freie Zeit, Zeit zum Denken. Die Gedanken werden frei. Sie können zu einem lieben Mitmenschen wandern. Was mag er gerade tun? Sie können auch zu einem Menschen wandern, mit dem man Schwierigkeiten hat. Sollte man es nicht doch noch einmal mit ihm versu-

chen, ein freundliches Wort an ihn richten? Vielleicht wartet er darauf. Wartezeit ist eine Bereicherung unseres Lebens, ein schönes Geschenk.
Wer an die Sanduhr denkt und sich vorstellt, wie das obere Häuflein Sand immer weniger wird, der weiß auch, daß Zeit nicht unbegrenzt zur Verfügung steht. Ernte ist bei aller Freude und Dankbarkeit auch ein Zeichen des Endes. Das Korn wird abgeschnitten, die Blätter färben sich bunt, es wird Herbst, der Winter ist nicht mehr fern. Auch unser Leben neigt sich einmal dem Ende zu. Unsere Zeit ist einmal abgelaufen. Das braucht uns nicht verzweifeln zu lassen. Wir haben die Möglichkeit, »mitzuteilen und wohlzutun«, wie die folgende Geschichte recht anschaulich zu erzählen weiß.
Da sitzen in einem Saal viele Menschen an langen Tischen. Man hat die vorzüglichsten Speisen vor ihnen aufgetragen. Trotzdem ist nur Heulen und Zähneklappern zu hören. Allen ist es unmöglich, auch nur eine der erlesenen Kostbarkeiten zu schmecken. Mit langen Löffeln versuchen sie sich etwas einzuverleiben, ein jeder gierig bei sich selbst. Aber es geht nicht, die Löffel sind zu lang. Die Verzweiflung steht allen im Gesicht geschrieben.
In einem anderen Saal sitzen auch viele Menschen an langen Tischen. Auch hier hat man die vorzüglichsten Speisen aufgetragen. Aber hier herrschen Freude und Heiterkeit. Die Löffel sind wieder zu lang. Aber trotzdem bekommt jeder reichlich zu essen, denn jeder benutzt seinen Löffel dazu, den anderen zu füttern und ihn mit allem zu versorgen.
Diese Geschichte zeigt uns, wie wir mit der Zeit umgehen können. Meine Zeit ist ein Geschenk Gottes. Ich habe die Möglichkeit, sie zu nutzen, auszuschöpfen, auszukosten. Ich kann in ihr leben und andern zum Leben verhelfen. Himmel und Hölle sind in gleicher Weise möglich. Ich kann die Zeit einteilen, Wichtiges von Unwichtigem unterscheiden, das eine tun und das andere lassen. Es ist »meine« Zeit, aber Gott hat sie mir gegeben. Die Zeit gehört mir; ich aber gehöre dem, der mich braucht.

Kontexte

1. »Momo oder Die seltsame Geschichte von den Zeit-Dieben und von dem Kind, das den Menschen die gestohlene Zeit zurückbrachte.« In diesem Märchen-Roman von Michael Ende kommt das Mädchen Momo dahin, »wo die Zeit herkommt«. Über einem kreisrunden See mit schwarzem Wasser schwingt ein Sternenpendel hin und her. Wenn es sich dem einen Ufer nähert, blüht dort eine leuchtende Blume auf, die wieder vergeht, wenn sich das Pendel dem anderen Ufer nähert, wo aber dann eine noch herrlichere Blume ihre Blätter entfaltet. Die Freude an dem, was ist, und an dem, was noch kommt, ist so groß, daß Momo ihre Trauer über die Vergänglichkeit abstreift und sich ganz geborgen fühlt. Sie erlebt die Gegenwart in ihrer ganzen Fülle und Einmaligkeit. Das kann sie nur, weil sie bei sich selbst in ihrem eigenen Herzen ist.
»Momo konnte so zuhören, daß dummen Leuten plötzlich sehr gescheite Gedanken kamen. Nicht etwa, weil sie etwas sagte oder fragte, was den anderen auf solche Gedanken

brachte, nein, sie saß nur da und hörte einfach zu, mit aller Aufmerksamkeit und aller Anteilnahme. Dabei schaute sie den anderen mit ihren großen, dunklen Augen an, und der Betreffende fühlte, wie in ihm auf einmal Gedanken auftauchten, von denen er nie geahnt hatte, daß sie in ihm steckten. Sie konnte so zuhören, daß ratlose oder unentschlossene Leute auf einmal ganz genau wußten, was sie wollten. Oder daß Schüchterne sich plötzlich frei und mutig fühlten. Oder daß Unglückliche und Bedrückte zuversichtlich und froh wurden. Und wenn jemand meinte, sein Leben sei ganz verfehlt und bedeutungslos und er selbst nur irgendeiner unter Millionen, einer, auf den es überhaupt nicht ankommt und der ebenso schnell ersetzt werden kann wie ein kaputter Topf – und er ging hin und erzählte alles das der kleinen Momo, dann wurde ihm, noch während er redete, auf geheimnisvolle Weise klar, daß er sich gründlich irrte, daß es ihn, genauso wie er war, unter allen Menschen nur ein einziges Mal gab und daß er deshalb auf seine besondere Weise für die Welt wichtig war. So konnte Momo zuhören!« (Ende, Momo, Thienemanns Verlag 1973, S. 15f.)

2. Erst der Teilende wid reich. Zum Themenbereich 3: Miteinander teilen. Wenn es gelingt, mehr Zeit für Mitmenschen aufzubringen, sind wir dabei zu teilen. Die Offenheit, anderen zu begegnen, auch wenn sie anders sind und anders denken, mit ihnen ein Stück Weg zu gehen, trägt dazu bei, über sich selbst hinauszugehen, im anderen eine neue Identität zu entdecken. Die Fähigkeit, sich anderen mitzuteilen und von ihnen zu erfahren, beendet Sprachlosigkeit und trägt zum Verständnis bei. Wenn das egoistisch-partikulare Denken einem allgemein verantwortlich universal-ökumenischen Denken weicht, dann sind wir auf dem Weg, im Teilen neue Dimensionen des Seins zu entdecken.

Teilen fängt auch in der Schule an. Das Lernen gegeneinander, um einen besseren Notendurchschnitt als andere zu erreichen, bestimmt das Leben. Egoismus, Profilsucht und Konkurrenzdenken rangieren weit vor solidarischem Verhalten und Rücksicht auf die Schwächeren. Mitten in der Bundesrepublik leben fast fünf Millionen Ausländer verschiedener Nationalität und Religion. Wenn mehr Erfahrungen geteilt würden zwischen Fremden und Einheimischen, wäre auch hier Zusammenleben möglich. (Vorbereitungsheft zum 20. Deutschen Evangelischen Kirchentag in Hannover 1983, S. 24ff.)

3. Was »Kairos« ist, das haben die Griechen sogar bildlich dargestellt. Das ist eine interessante Figur: Herr Kairos ist ein junger Mann, der Herr Gelegenheit, der hat vorn, über der Stirn, ein Büschel langer Haare, hinten aber ist er kahl. Daher kann man den »Herrn Gelegenheit« nur packen, wenn er vor einem steht, nämlich bei seinen Locken, beim Schopfe. Wenn er erst vorbei ist, dann gelingt es einem nicht mehr, ihn festzuhalten. Griechische Ringkämpfer und auch der Herr Gelegenheit waren hinten gut geölt, da gleiten die Hände ab. Packt die Gelegenheit beim Schopfe! Diese Redewendung stammt haargenau aus Griechenland. (Schiller, Epistelpredigten. Zweiter Teilband. Klotz Verlag 1974, S. 135)

4. Meine Zeit ist wie der Wind – sie kommt und geht, sie ist sanft und stark, lau und kalt, sie ist lebendig. Meine Zeit ist wie der Ton einer Musik – sie erklingt und vergeht, und doch klingt sie weiter in mir, vielleicht auch in dir. Meine Zeit ist wie Tag und Nacht, die sich stets ablösen und kommen. Meine Zeit ist wie der Docht einer Kerze, die brennt. Meine Zeit ist wie das Wasser einer Quelle – ich kann es nicht zurückhalten,aber ich kann mich daran erlaben. (Boldern Texte. Sept./Okt. 1982)

5. Zeit darf man nicht nehmen; Gott gibt sie umsonst. Zeit hätte man wohl genug, wenn man sie nur wohl anlegte. (Deutsche Sprichwörter)

16. Sonntag nach Trinitatis

Predigttext: Hebräer 10,35–36(37–38)39

Friedhelm Borggrefe

Theologisch–homiletische Skizze

Ein Wort für müde Christen, Vertrauen zu wagen. Das Motto der DDR-Kirchentage von 1983 eignet sich vorzüglich, um die theologische Mitte des Textes zu fassen und die resignierte, träge und matte christliche Gemeinde anzustoßen. Die Perikope lebt vom Imperativ »nicht wegwerfen«, festhalten am Glauben, am Bekenntnis der Hoffnung in der christlichen Liebe.

Die Gemeinde des Hebr. ist diskriminiert. Sie kennt Haft, Folter und Enteignung (Vers 32–34). Darin ist sie verschieden von den Mittelstands- und Nobelgemeinden, denen wir zu predigen haben. Doch sie ist nicht von außen, von ihren Verfolgern, sondern von innen, von ihrer eigenen Angst, gefährdet: sie hat den Zugang, der ihr durch den Hohenpriester Jesus zum Heiligtum geschaffen wurde (10,19 u. ö.), verloren. Sie ist freudlos geworden und nicht in der Lage, die Dynamik der »ersten Zeiten« durchzuhalten. Die von Ängsten Gejagten sind müde und erschöpft. Sie warten auf das Ende des alten, nicht auf den Anfang eines neuen Lebens.

Der Hebr. mahnt zu einer Haltung, die mit dem Wort »Vertrauen« nur unvollkommen umschrieben ist: »Zuversicht« (Zürcher), »Glaubensmut« (Wilkens), »Freimut« (van Oyen), »Offenheit« (Schlier) sind Übersetzungsvarianten, die die breitere Basis des Wortes andeuten. Von Hause aus ein politischer Begriff, der die Grundhaltung des griechischen Stadtbürgers charakterisiert (THW V S. 869ff.), hat Parrhäsia im Hebr. einen eigenartig gegenständlichen Charakter. »Man hat sie nicht nur als subjektive Haltung, sondern als Aneignung von etwas Vorgegebenem. Man hält sie fest, indem man nicht nur sich selbst als Glaubenden, sondern indem man die Voraussetzung des Glaubens in der Verheißung festhält« (Käsemann: Das wandernde Gottesvolk 1938, S. 38). In der Geduld, im Bleiben unter der Last des Leidens, wird dieser Glaubensmut bewährt und öffentlich dargestellt. Unter dem Druck der Verfolgungssituation ist nicht ängstlicher Rückzug auf innere Werte des Christseins, sondern Offenheit und Freimut angemessen. Die Herkunft des Vertrauensbegriffs im Hebr. aus dem politischen Bereich erinnert daran, daß nicht die Freiheit des Zugangs zu Gott und die Ermächtigung, in das Heiligtum einzutreten, gemeint sind (10,19), sondern: da das Heil durch den Hohenpriester Jesus geschehen ist, eröffnet sich für das Volk Gottes eine neue Wirklichkeit, sie ermächtigt sie zu einem neuen Umgang mit Macht und mit Mächtigen. Sie wirkt sich aus im Vertrauen und in der Offenheit, die sich nicht zu schämen braucht, auch nicht vor dem irdischen Richter, denn sie erwartet das Gericht von einer ganz anderen Instanz.

Im Lutherjahr 1983 ist bei den DDR-Kirchentagen unter dem Motto »Vertrauen wagen« vieles von dem dargestellt worden, was unser Text meint, oft in fröhlicher Naivität, mit einfachen Bildern: ein Vogel, ein Seil, ein Kind, ein Gebet, Kreuz und Regenbogen spielten dabei eine Rolle. Immer ging es darum, das Thema »Vertrauen wagen« öffentlich darzustellen, sich nicht zurückzuziehen auf eine innere Linie, sondern ins Gespräch zu kommen auch mit Nichtchristen. Am Sonntag nach dem Erntedankfest 1984 wird solches vertrauen bei uns im Westen nicht weniger gefragt sein. Durch die Predigt soll die Gemeinde ermutigt werden, ihren Beitrag zum öffentlichen Vertrauen zu geben. Vertrauenbildende Maßnahmen sind gesucht.

Vorschläge zur Liturgie

Begrüßung

(Nach dem Orgelpräludium): »Vertrauen ist gut, Kontrolle ist besser«, sagt Lenin, und viele, auch Nicht-Marxisten, handeln so. Wir wollen in diesem Gottesdienst vom guten Vertrauen sprechen. Wir wollen uns Mut machen lassen zu mehr Offenheit. Betrachten Sie diesen Gottesdienst als eine vertrauenbildende Maßnahme für unsere Stadt (Dorf). (Choralvorspiel)

Eingangslied

EKG 188,1,2,4

Eingangspsalm

Psalm 103,6–13; 19–23 (Text aus: Gute Nachricht)

Eingangsgebet

Herr, wir sperren uns gegen große Worte. Wir fürchten uns. Oft steckt nur die Leere dahinter. / Herr, du bietest uns in diesem Gottesdienst Vertrauen an. Du versteckst dich nicht hinter großen Worten. Du kommst leise, in deinem Evangelium. / Laß uns Vertrauen riskieren, wenn wir dein Wort aufnehmen. Verändere du uns. laß uns Vertrauen wagen. Darum bitten wir im Namen Jesu Christi.

Lesungen

Epistel: 1. Mose 12,1–3 (»Wir hören von einem, der Vertrauen wagte und die Welt veränderte«)

Evangelium: Lukas 18,18–27 (»Wie schwer es ist, Vertrauen zu wagen«)

Lieder

EKG 233 (Sei Lob und Ehr); 183 (Erhebet er sich, unser Gott)

Fürbitten

Kind: Für alle Kinder auf dieser Welt bitte ich, für die Kinder in den Kindergärten und in den Schulen, für die Kinder, die so gut wie nichts zu essen haben, und für die Kinder, die unter Krieg leiden müssen. Ich bitte unseren himmlischen Vater: Sei du uns Hilfe und Schutz, gib unserem jungen Leben Eltern, die uns lieben und führen, Lehrer, die uns die Wahrheit sagen und unsern Glauben gelten lassen, damit wir auch in der Schule als Christen den Weg finden, denn wir Kleinen wollen von den Großen lernen, miteinander zu leben und den anderen zu achten.

Jugendlicher: Ich bitte für alle jungen Menschen, für die Lehrlinge und die Schüler, für die Studenten und die Wehrpflichtigen, für ihre Arbeit und ihre Freizeit: Gib unserem Leben Sinn, der gute Ziele zeigt und Träume wahrmacht. Herr Jesus Christus, erhalte uns Mut zu ehrlichen Entscheidungen und die Kraft, durchzuhalten, wenn es schwer wird zu bestehen. Bewahre uns vor Zweigleisigkeit und Oberflächlichkeit, und wenn es sein muß, auch vor den falschen Ratschlägen der Älteren. Laß uns den Weg finden und gehen, den du meinst und zeigst.

Mann mittleren Alters: Ich bitte dich, Herr, für die Ehen und Familien, für die Menschen, die ohne Partner leben, und für die, die sich trennten. Es sind so viele schöne Erfahrungen, die wir machen, aber auch so viele bittere Enttäuschungen, es ist so viel Sehnsucht da nach Liebe und Zärtlichkeit, und doch auch so viel Härte und Haß. Laß unsere Herzen nicht verwildern, sondern sich deiner göttlichen Liebe öffnen. Segne die jungen Ehen, tröste, wo sich Verzweiflung breitmacht, schütze das ungeborene Leben und gib Räume der Geborgenheit und des Vertrauens zueinander.

Älterer Mensch: Herr Jesus, ich bitte dich für alle Menschen, die krank sind und unter Schmerzen leiden, für alle, die mit einer Behinderung leben müssen. Ich bitte dich vor allem auch für die vielen alt gewordenen Menschen, zu denen ich gehöre: Laß niemanden in den Heimen oder Wohnungen in Einsamkeiten fallen und darin umkommen, sondern laß sie gute Helfer finden. Du hast jedem Lebensabschnitt seine Aufgabe gegeben, du streckst deine Hand nach den Schwachen und Hilflosen aus und richtest sie auf. Deinen Zusagen wollen wir vertrauen, du willst bei uns sein, bis ans Ende.

Mitarbeiter: Für die Kirche Jesu Christi auf Erden bitte ich, für alle, die ihr dienen wollen, für die Kirchenältesten und für die diakonischen und sozialen Dienste, für die, die ein Leitungsamt haben, für die Bischöfe, die Kirchenleitungen und Synoden, für die Menschen, die in der Ausbildung stehen: Herr Jesus Christus, mache deine Gemeinde stark in der Verkündigung des Evangeliums, glaubwürdig in ihrem Leben und in der Zuwendung zu allen Menschen, ohne Ansehen der Person. Schenke uns durch den Heiligen Geist die Einheit aller Christen, wie du eins bist mit dem Vater.

Synodaler/Laie, männlich: Für die Regierungen in dieser Welt bitte ich, für alle, die Verantwortung in Politik und Gesellschaft tragen, für die Staatsmänner und Parteifunktionäre, für alle, die Macht ausüben und über Menschen bestimmen: Hilf, daß Gerechtigkeit und Wahrheit die Entscheidungen leiten, die gefällt werden, zum Wohl der Menschen in den Völkern und Staaten. Laß uns lernen, aufeinander zu hören und einander anzuerkennen, damit jeder Mensch in seiner Würde nicht verletzt wird und Gesetze nicht Unrecht schaffen, sondern Recht. Gib allen, die regieren, deine Weisheit und deinen Rat ins Herz.

Dr. S.: Ich bitte für Gewaltlosigkeit und für den Frieden. Wir leben in einer von Angst und Mißtrauen erfüllten Welt, in einer Welt der vielen kleinen Kriege, in einer Welt, die immer bedrohlicher in sich feindlich gegenüberstehende Blöcke und Systeme zerfällt. Herr, wehre jedem Ansatz eines Gedankens an die Möglichkeit eines nuklearen Krieges, der alles vernichten würde. Laß die Abrüstungsgespräche zum Erfolg kommen und nimm die Bedrohung von uns, aber bewahre uns auch davor, den anderen zu drohen. Wir bitten dich um deinen Frieden. Gib uns die Gesinnung und Haltung deiner Liebe in die Köpfe und Herzen, damit der Wille stark wird, zu versöhnen und zu bewahren, was uns als Leben geschenkt ist. (Fürbitte aus der Hauptversammlung zum Dresdener Kirchentag am 10. Juli 1983, Thema: Vertrauen wagen, damit wir leben können)

Predigtvorschlag

Möglicher Anfang

Hans im Glück warf alles weg. Den Goldklumpen zuerst, dafür hatte er sieben Jahre gearbeitet. Pferd, Kuh, Schwein, die magere Gans und den Wetzstein – alles warf er weg. Und zum Schluß rief er aus: »So glücklich wie ich gibt es keinen Menschen unter der Sonne.« Mit leichtem Herzen und frei von aller Last sprang er fort, bis er daheim bei seiner Mutter war.

Hans im Glück warf alles weg, – nur sein Vertrauen nicht. »Mutter«: das Wort steht für Vertrauen. Seine Mutter kann keiner wegwerfen. Sie hat uns das Leben geschenkt. Von ihr haben wir die Sprache. Bei ihr erfuhren wir zuerst Zärtlichkeit und Liebe. An ihrer Hand gingen wir die ersten Schritte. Bei ihr lernten wir: Vertrauen.

Wer keine gute Mutter hatte, weiß nicht, was Vertrauen ist. An ihr bildet sich unser Vertrauen. – Mit leichtem Herzen und frei von aller Last kann der Hans am Schluß unseres Märchens springen und neu entdecken: Vertrauen trägt. Das alte Märchen erzählt, was in der Bibel, im Hebräerbrief Kapitel 10 in knappen Versen gesagt ist: (Textlesung).

Da geht's nicht ums Glück. Da möchte einer tiefer loten als der Hans im Märchen. Doch auch hier wird gesagt: Wir leben als freie Bürger Gottes, als Gottes Volk, allein aus dem Vertrauen heraus. Davon leben wir allein.

Zum weiteren Verlauf

1. Mißtrauen ist das Normale. Die gestörte Mutterbeziehung. / Jeder hat seinen Ödipuskomplex. / Mutter Erde ist auch kaputt. / »Vertrauen ist gut, Kontrolle ist besser«. / Politik als ein mit viel Aufwand beherrschtes System von Mißtrauen. / Daran stirbt der Mensch. / Und die Kirche?, die eigentlich vom Vertrauensvorschuß vieler Menschen lebt? Sie steckt auch voller Mißtrauen und Ängsten.

2. Gott bietet Vertrauen an. Gott sagt ja, ja zum Menschen, ohne jedes Nein! / Der Regenbogen und das Kreuz als Zeichen des Vertrauens. / Erzählen wir vom

Regenbogen. In der alten Geschichte von der großen Flut wird gesagt: Gott setzt ihn über die Wolken. So ist Gott. »Wenn er Wetterwolken über die Erde schicken muß, dann vergißt er nicht, daß unter den Blitzen und dem Donner seine Freunde wohnen (Johannes Hempel, Dresden 1983) – Gott schenkt dem Menschen kein naives Vertrauen. Er weiß wie der Mensch ist. Gott ist in Christus, mit all seinen Fragen (warum?), er läßt sich foltern und diskriminieren, um eine Vertrauensbasis beim Menschen zu haben. Er läßt sich zerbrechen am Kreuz. So wird das Kreuz zum Vertrauenssymbol. – Der Hebräerbrief sagt das in kultischen Begriffen: »Der Hohepriester Jesus verschafft Zugang zum Heiligtum«, damit wir Vertrauen wagen können.

3. Vertrauen muß riskiert werden. Dieses Risiko sieht heute anders aus als zur Zeit der Verfolgung von Christen. Doch immer noch gilt: der größte Feind, der uns hindern will, Vertrauen zu wagen, ist die Angst, die in uns steckt. Sie läßt uns zurückweichen. Sie macht uns müde, lähmt uns. – Sie ist nicht der Feind von außen, der das Vertrauen blockiert. Sie kommt von innen. / Der Weg des Vertrauens will geübt sein. / Geduld üben: selbst Hans im Glück im Märchen, wo alles gelingt, braucht fünf Stationen, um leichten Herzens zu entdecken, daß Leben aus dem Vertrauen Sinn hat. / Wir leben nicht im Märchenland. Wir haben harte Realitäten. Wir brauchen immer neue Anstöße, die Angst zu überwinden, der Verheißung zu trauen und Glauben zu halten.

4. Vertrauen wagen verändert. Eine Konkretion aus dem Erfahrungsbereich der Gemeinde ist besser als ein Katalog von Appellen. Ich (zusammen mit dem Presbyterium?) werde zum Erntedankfest, also am Sonntag vorher zu unserem Gemeindetag mit Mittagessen ein paar »Penner« einladen. (Das Übernachtungsheim ist nicht weit von der Kirche.) Ich werde beobachten, wie die Gemeinde sie aufnimmt, ich werde selbst mit ihnen sprechen, vielleicht werden sie mir erzählen, und ich werde ihr Vertrauen haben, sicherlich gibt es eine Erfahrung, die man weitergeben kann. Ich werde das (vielleicht zusammen mit einem Presbyter) als Frage an die Gemeinde geben und sie bitten, mit mir zu überlegen, wie wir in den nächsten 10 Wochen die Aktion »Weihnachten allein?« in diesem Jahr an Heiligabend vorbereiten können.

Oder: Es gibt einen Bericht von einer gelungenen gewaltfreien Aktion, in der junge Leute, die zum Beispiel bei einer Mahnwache aktiv waren, erzählen, wie sie etwas geändert haben, indem sie Vertrauen wagten.

Oder: Als biblisches Beispiel wird die Geschichte von Daniel in der Löwengrube erzählt. Daniel setzt Vertrauen gegen Gewalt. Ich werde erzählen von einem Kranken, der während eines langen Klinikaufenthalts anfing zu malen. Auch biblische Motive kamen ihm in den Sinn. Doch die Löwen malte er immer mit einem menschlichen Gesicht. Daniel und die friedlichen Löwen. Vertrauen ist stärker. Oder darf man als Christ sagen: Kontrolle ist gut, Vertrauen ist besser?

Kontexte

Das gebrochene Licht wird zum Regenbogen. Der zerbrochenen Christus wird zum Freundschaftstestament Gottes. Er gibt uns noch einmal und noch einmal die Kraft zu vertrauen, bis wir das irdische Leben durchschritten haben und das ewige Leben gewinnen können (Johannes Hempel am 10. 7. 1983 auf der Hauptversammlung des Dresdener Kirchentages). Mit den beiden Gedanken vom Kreuz und vom Regenbogen läßt sich die Vertrauensbasis beschreiben, die Gott geschaffen hat. Die Konfirmanden könnten das Kreuz in der Kirche mit einem Regenbogen schmücken.

»Die Uniform des Tages ist die Geduld,
die Auszeichnung der armselige Stern
der Hoffnung über dem Herzen«
(Ingeborg Bachmann: Alle Tage Gedichte, 1964, S. 20)

Medien

Der Gedanke vom Seil läßt mich nicht los. Aber ich habe noch keinen Einfall, wie ich Seil und Vertrauen zusammenbinden soll. Vielleicht muß ich einen Bergsteiger fragen, damit mir etwas einfällt ...
Tragen und Getragenwerden. Was fühlt man dabei? Vertrauen heißt getragen werden: Sie bringen einen Gelähmten, von vieren getragen ...
Mit Konfirmanden habe ich das Spiel gemacht, und auf einer Konfirmandenfreizeit oder in einem Konfirmandengottesdienst mit diesem Text würde ich es wieder spielen: Die Gruppe bildet einen Kreis. Alle halten sich fest. Einer steht in der Mitte und läßt sich fallen. Wie reagiert die Gruppe? Auswertungsgespräch. Textlesung.

17. Sonntag nach Trinitatis

Predigttext: Epheser 4,1–6
Hans Reinhard Rapp

Theologisch-homiletische Skizze

Das 4. Kapitel des Epheserbriefes setzt ein mit einer Serie von Ermahnungen, die sich auch durch die folgenden Kapitel hinziehen. Eine Tugend nach der anderen wird eingefordert: Demut, Sanftmut, Liebe, Einigkeit, Rechtschaffenheit, Wahrhaftigkeit, Ehrlichkeit, Weisheit, Nüchternheit, Dankbarkeit, Unterordnung, Gehorsam, Wachsamkeit, Kampfbereitschaft gegen das Böse. Dieses wird wiederum in seinen Spielarten benannt und mit Warnungen versehen: Schalkheit, Täuschung, Eitelkeit, Unwissenheit, Unzucht, Geiz, Unwahrhaftigkeit, Zorn, leichtfertiges Geschwätz, Narreteien, Trunksucht.
Wer dies alles beachtet, ist gewiß ein ernster Christ; ob er noch etwas zu lachen hat, ist ungewiß. Wird nicht alles Leichte und Fröhliche unter die verbotenen Scherze und Narreteidinge (5,4) fallen, und werden nicht auch die Lobgesänge, das Singen und Spielen (5,19) überschattet sein von der Sorge um die Heiligung? Der Verfasser des Epheserbriefes würde auf solche Einwände wohl antworten, daß der Mensch, wie er nun einmal ist, alle diese Mahnungen und Warnungen bitter nötig habe; die Zügel zu lockern, das gerade brauche man ihm nicht zu predigen. Man könne doch kaum behaupten, daß der Mensch im allgemeinen zu schwer an seinen Tugenden trage.
Und wirklich: Der Epheserbrief zählt ja wertvolle Elemente der Menschlichkeit auf. Nur, warum machen ermahnte Menschen ein so trauriges Gesicht? Warum sind sie eingeklemmt zwischen notgedrungener Zustimmung und offensichtlicher Mißstimmung? Weil ihnen bewußt gemacht wird, was ihnen alles noch fehlt, und weil sie nicht wissen, wie sie alles Geforderte schaffen sollen.
Enthielte der Epheserbrief nur die Kapitel 4–6, dann wäre das Übergewicht des christlichen Moralismus schwer hinzunehmen. So aber werden in den ersten Kapiteln die Grundlagen eines neuen Lebens aus dem Geist Christi genannt. Christus wohnt durch den Glauben in den Herzen, und dieser Glaube ist eine Gottesgabe (2,8 und 3,17). Das schützt uns davor, anderen eine Tugendmasse als Gesetzesfron aufzulasten. Wichtig ist auch, daß die aufgezählten Kennzeichen des Christen nicht absolut gesetzt werden dürfen. So sind Gehorsam und Unterordnung keine Werte, die für sich selbst sprechen. Wie das Christsein in der Praxis aussehen muß, ist in der Auseinandersetzung mit den Anforderungen und Anfechtungen der Zeit immer neu zu entwerfen.
In der Predigt kann sowohl die kritische Sichtung christlicher Tugenden als auch das Gefühl beim Anhören von Ermahnungen zur Sprache gebracht werden.

Vorschläge zur Liturgie

Verläuft der Gottesdienst im normalen agendarischen Rahmen, so können die vom Predigttext und vom Evangelium der *alten* Reihe (Luk. 14,1–11) nahegelegten Tugenden der Selbstbescheidung bereits in der Begrüßung angesprochen werden: Ein Christ drängt sich nicht vor. Ein Christ will nicht den ersten Platz. Ein Christ denkt an das Recht des anderen. Ist das unter uns so selbstverständlich? Selbstironischer Kommentar eines Kirchenführers: »Wir dienen gern der Kirche, besonders in leitender Position!« Der Predigttext weist in dem, was er fordert, ja auch auf Defizite unter den Christen hin. Entscheidet sich der Prediger für den Typus der hier vorgeschlagenen Gedankenfolge, so ergeben die Texte des *alten* Lektionars einen logischen Zusammenhang. Der Predigttext ist zugleich Epistel, das Evangelium handelt von dem Prestigebedürfnis bei gastlichen Zusammenkünften. Die Brücke zur alltäglichen kirchlichen Praxis ist leicht zu schlagen.

Bei einem Familien- oder Jugendgottesdienst mit stärkerer Einbeziehung der Gemeinde könnten Fragezettel verteilt werden mit der Aufforderung: Welche wichtigsten Eigenschaften sollte ein guter Christ Ihrer Meinung nach haben? Welche würden Sie bei ihm am wenigsten schätzen? Eine solche Aufzählung könnte andere, vom Epheserbrief abweichende Tugenden nach vorn stellen. (Sind Demut und Geduld immer christlich?) Die Aktualisierung ergibt sich dann aus den heute für wichtig gehaltenen Grundeigenschaften des »guten Christen«.

Das jetzige lutherische Lektionar setzt andere Akzente: In der Epistel und im Evangelium geht es um den Glauben, der Juden und Nichtjuden eint. Der Akzent der Predigt würde dann auf den Versen 4, 5 und 6 des vorgeschlagenen Textes liegen: »Ein Leib, ein Geist ... ein Herr, ein Glaube, eine Taufe ...« Die Epistel (Röm. 10,9–17) und das Evangelium (Matth. 15,21–28) vertiefen den Gedanken, der in trivialer Form heute wohl bekannt ist: Wir haben doch alle den gleichen Gott! Die Entscheidung über die Akzente der Predigt sollte auch über die Lesungen entscheiden.

Die Lieder

Das im Lektionar vorgeschlagene Lied »Such, wer da will, ein ander Ziel« (249) paßt zu den Lesungen Röm. 10 und Matth. 15. Zum Predigttext und der nachstehend praktizierten Auslegung schlage ich folgende Lieder vor: 241 (Vater unser im Himmelreich), 258 (Herr Jesu, Gnadensonne), 264 (Erneure mich, o ewges Licht), 443 (So jemand spricht: Ich liebe Gott ... – Anhang Hannover –). Aus dem Kirchentagsliederheft 83 empfiehlt sich Nr. 723: Wo ein Mensch Vertrauen gibt ... Zum Abschluß: Komm, Herr, segne uns ... (661)

Gebetsvorschläge

Kollekte: Gott und Vater, wir sind zusammengekommen mit all unseren Unterschieden des Alters, der Lebenserfahrung, der Maßstäbe und der Reife im Glauben. Wir bringen unsere Gegensätze mit und unser unvollkommenes Christsein. Aber wir haben uns versammelt im Namen Jesu, durch den du uns berufen hast zu einem Geist und zu einer Hoffnung. Stärke in uns die Kraft, uns in dieser Berufung zusammenzufinden und auf das zu sehen, was uns eint. Amen.

Fürbittengebet: Wir danken dir, Gott und Vater, daß deine Berufung uns sammelt und eint. Wir alle haben dich als den einen Gott, der will, daß allen Menschen geholfen werde und daß sie zur Erkenntnis der Wahrheit kommen.
Wir bitten dich für alle, die auf der Suche nach der Wahrheit sind; daß ihnen die Augen geöffnet werden und sie erkennen, was sie zu einem wahren menschlichen Leben brauchen.
Wir bitten dich für alle, die auf der Suche nach dem Frieden sind; daß sie zur Versöhnung fähig werden und Böses mit Gutem überwinden können.
Wir bitten dich für alle, die auf der Suche nach der Einheit sind; daß sie fähig werden, die Art des anderen zu ertragen, fremden Glauben zu respektieren und bereichernde Unterschiede gelten zu lassen.
Wir bitten um Wahrheit, Frieden und Einigkeit in Kirche und Welt. Im Namen Jesu Christi, deines Sohnes, unseres Bruders, Amen.

Predigtvorschlag

Möglicher Anfang

Ermahnungen gehören wohl zum Leben wie das tägliche Brot. Beim Kind schon fängt es an: »Sitz gerade! Trödel nicht so herum! Iß deinen Teller leer!« In der Schulzeit geht es weiter: »Komm pünktlich nach Hause! Mach deine Schularbeiten! Steh nicht immer so spät auf!« Der Erwachsene, der längst seine Kinder ermahnt, wird selbst von Ermahnungen nicht verschont: »Fahr vorsichtig! Schreib endlich den Brief an Tante Charlotte! Häng deinen Mantel nicht so nachlässig auf!« So geht es weiter. Ermahnungen – unentbehrlich wie das tägliche Brot. Nur schmecken sie nicht so gut. Oft hören wir auch nicht auf sie. »Ob der Philipp heute still wohl bei Tische sitzen will? Also sprach in ernstem Ton der Papa zu seinem Sohn«, heißt es im »Struwwelpeter«. Aber Philipp zappelt weiter, bis er mit seinem Stuhl umkippt. »Wie oft muß ich dir das noch sagen?« So werden viele Ermahnungen eingeleitet.
Lustlos kauen wir an dem trockenen Brot der Ermahnungen. Auch die Bibel verschont uns nicht damit. Gerade haben wir es gehört. »Ich ermahne euch, wandelt so, wie es eurer Berufung entspricht.« Anders ausgedrückt: »Benehmt euch so, wie es sich für einen Christen geziemt.« Wenn wir das hören, kommen wir uns vor wie ein getadeltes Kind oder ein gemaßregelter Schüler. Wir hören es in der Eltern-und-Lehrer-Sprache. Gegen den Autoritätston der Ermahnung sind wir heute wohl empfindlicher als frühere Generationen. Wir sperren uns gegen den ernsten Ton väterlicher Zurechtweisung oder hören nicht darauf, genau wie der Zappelphilipp.

Eigentlich ist das schade. Denn was uns im einzelnen geraten wird, steht einem Christen gut an: Geduld und Toleranz, Friedensfähigkeit und die Kunst, sich mit anderen einigen zu können. Wir wollen versuchen, die Ratschläge unseres Predigttextes anzunehmen wie Erwachsene. Wir nehmen sie als praktische Anleitung zum Christsein und stellen uns darauf ein, daß wir hierin noch vieles lernen können. Zweierlei wird uns zum Nachdenken vorgelegt: 1. Unsere Berufung; 2. unsere tägliche Praxis ...

Zum weiteren Verlauf
»Berufung« ist im Predigttext ein wichtiges Wort, das als Basis für die praktischen Handlungselemente dient. Da das Tun aus der Berufung folgt, ist auch als erstes von der Berufung zu reden. Ein naheliegendes Beispiel ist die Berufung der Jünger durch Jesus:
»... Da hantieren ein paar Fischer an ihren Booten und ihren Netzen. Eines Tages ist Jesus bei ihnen und ruft sie zu sich: Kommt mit mir! Sie verlassen alles, ihre Boote, ihren gewohnten Beruf, ihr Zuhause. Von jetzt ab begleiten sie Jesus. Warum tun sie das? Niemand hat sie gezwungen. Sie sind offenbar ganz sicher, das Richtige zu tun. So einfach alles stehen und liegen lassen und die ersten Schritte in ein ganz neues, unbekanntes Leben hinein tun, das kann nur jemand, der innerlich ganz klar sieht, was er will. Am Anfang dieses Weges steht das Wort: Kommt mit mir! Das ist die Berufung.
Nur: Können wir uns in diesem Bild wiederfinden? Das fällt den meisten von uns schwer. Wir sind als Kinder getauft worden und dann in eine mehr oder weniger christliche Umgebung hineingewachsen. Wohl kommt es vor, daß jemand sagen kann: Ich habe an einem bestimmten Tag, zu einer bestimmten Stunde, bei einem bestimmten Erlebnis den Ruf zur Nachfolge gehört. Aber das ist die Ausnahme. Ja, bei einem Pfarrer, sagen die Leute, da muß es wohl so etwas wie eine Berufung geben, sonst könnte er seinen Dienst nicht tun. Aber auch das ist nicht die Regel. Der frühere Berliner Bischof Otto Dibelius erzählt in seinen Lebenserinnerungen, er habe nur deshalb Theologie studiert, weil damals keine anderen Berufsmöglichkeiten für ihn zur Wahl standen. Ursprünglich wollte er Postbeamter werden. Das war nicht möglich, und so entschied er sich für die Theologie. Die Berufung kann auch nachkommen, meint er dazu. Sie kam für ihn vor allem, als er sich in den schweren Jahren des Kirchenkampfes während der Hitler-Zeit bewähren mußte ...«
Das Beispiel soll die Schwierigkeit überbrücken, in die uns die Situation der Volkskirche zwangsläufig führt. Im Urchristentum war die Entscheidung für den Christusglauben als Lebenswende durchweg deutlicher markiert als heute. Der Text legt es nahe, in diesem Zusammenhang auf die Taufe hinzuweisen:
»... Wir haben von den Jüngern gehört, die alles stehen und liegen ließen und Jesus nachfolgten. Das war ein überzeugendes Beispiel für eine Berufung. Das Beispiel, das ich jetzt nenne, wird auf den ersten Blick gar nicht überzeugen. Ich

meine die Kindertaufe. Man kann ja gute und ernste Gründe dafür anführen, daß jemand erst getauft wird, wenn er weiß, worum es geht. Das Menschlein, das von Eltern und Paten zum Taufstein getragen wird, empfindet das Wasser auf seinem Köpfchen je nach Stimmung als angenehm oder als Belästigung, aber es weiß nicht, was mit ihm geschieht. Und doch: Diese Taufe ist die erste ausdrückliche Berufung zum Glauben. Denn sie ergeht nicht nur an unser Bewußtsein, sondern sie umfaßt unser ganzes Leben von Anfang an bis zum Ende. Sie umgibt uns wie die Luft, die wir atmen. Nur daß das Atmen von allein geht, während unsere Berufung gehört werden will ...«

Die Predigt kann hier, um niemanden von der Berufung auszuschließen, auf die unterschiedliche »Hörweite« der Menschen eingehen. Die Volksmenge, die Jesus umdrängte, kann verglichen werden mit der Volkskirche. Viele hörten ihn gern, so heißt es, aber wir wissen nicht, was die vielen in ihrem Alltag praktizierten. Jedenfalls ist die Berufung nicht gleichzusetzen mit Exklusivität. Wer hören kann, der darf sich zu den Berufenen rechnen.

Da der Prediger auch an seine Konfirmanden denken sollte, nenne ich für die Berufung und Nachfolge ein Beispiel, das diese Altersgruppe mehr interessieren dürfte als Dibelius und andere klassische Exempel: Der frühere Boxweltmeister George Foreman wurde in einer Sportsendung des Fernsehens vorgestellt als Prediger und Evangelist. Der Boxsport interessierte ihn nicht mehr. Er nannte es einen »Ruf Gottes«, daß sein Leben diese Wendung genommen hatte, und er meinte, es sei viel erfreulicher, den Menschen das Evangelium zu predigen, als sie zu verprügeln.

Ein ähnliches Beispiel aus der Welt des Sports: Wenn ein Fußballspieler in die Nationalmannschaft berufen wird, dann wird er wohl ganz von selbst versuchen, sich dieser Berufung würdig zu zeigen.

Das letztgenannte Beispiel eignet sich gut als Übergang zum zweiten Predigtteil mit dem Obertitel »Unsere tägliche Praxis«. Wie schon anfangs betont, kommt alles darauf an, daß der Hörer die Ermahnungen anders auffaßt als ein Kind, das sich dem Eltern- und Über-Ich notgedrungen fügt. Die Menge der moralischen Appelle im zweiten Teil des Epheserbriefes sind nichts anderes als Anregungen zur Glaubwürdigkeit. Glaubwürdigkeit steht hoch im Kurs:

»... Ein Christ wird heute nicht daran gemessen, was er sagt, sondern an dem, was er tut. Wenn er sich zum Frieden bekennt, wird er mit diesem Maß gemessen: Kann er Frieden stiften? Wenn er die eine Kirche bekennt und an den Gott glaubt, der aller Menschen Gott ist, wird das daran gemessen, ob er mit denen zusammenleben kann, die zwar den gleichen Gott, aber eine ganz andere Art haben als er. Wir können aus den Ermahnungen unseres Predigttextes den Schluß ziehen, daß es auch in alten Zeiten nicht leicht war, ins Leben umzusetzen, was die Christen glaubten und bekannten. Christ zu sein ist eine Übungssache. Wer ein Musikinstrument spielt, muß üben, auch wenn er musikalisch hoch begabt ist. Der Lehrer wird immer und immer wieder die gleichen Anwei-

sungen geben, bis dem Schüler der Umgang mit dem Instrument zur zweiten Natur geworden ist. Bestimmt wird er seufzen über die langweiligen Tonleitern und die vertrackten Übungsstücke. Aber nur wenn er die Ausdauer hat, dies durchzustehen, lernt er sein Instrument wirklich spielen. Das Christsein ist nicht die erste Natur des Menschen, sondern seine zweite Natur. Damit uns das Christsein zur zweiten Natur wird, werden uns Übungshinweise gegeben ...«
(Hier ist jetzt noch Platz für gemeindespezifische Konkretionen.)
»... Es wird uns von Gott zugetraut, daß wir unserer Berufung gemäß leben können. Zutrauen ist die stärkste Kraft zu erreichen, was in uns angelegt ist. Christ zu sein ist nicht leicht, aber es wird uns zugetraut. Daran werden wir heute erinnert. Was wir heute noch nicht sind, können wir immer noch werden: glaubwürdige Nachfolger in den Spuren Jesu Christi.«

Anregung

Der Predigttext eignet sich gut auch für einen ökumenischen Gottesdienst. Der Schwerpunkt liegt dann auf den Versen 3–5. Das bedingt einen anderen Predigtanfang:
»Wir bekennen einen Geist, einen Glauben, eine Taufe, einen Gott. Wir sind auf dem Wege, das, was wir bekennen, auch zu praktizieren. Ein Schritt auf diesem Wege ist dieser ökumenische Gottesdienst ...« Hier kann gesagt werden, daß uns die Berufung Gottes in verschiedenen kirchlichen Traditionen, aber durch den gleichen Christus erreicht.

18. Sonntag nach Trinitatis

Predigttext: Epheser 5,15–21
Ulrich Stiehler

Theologisch-homiletische Skizze

1. Nach meinem ersten Eindruck von Eph. 5,15–21 möchte ich all denen beipflichten, die mit R. Christiansen (Calwer Predigthilfen Bd. 12 Stuttgart 1973, S. 207) empfehlen, »diesen Text nun doch nicht zu predigen«.

Einerseits sind seine Worte so allgemein und weit gefaßt, daß jeder hineindeuten kann, was er will. So muß es der Predigt schwerfallen, diesen Text vor Mißdeutung zu bewahren.

Andererseits beschwören seine fundamental-paränetischen Aussagen, denen in 5,22f. konkrete Einzelparänese folgt, die Gefahr einer gesetzlich-lehrhaften Predigt herauf. An Vers 18, der derben Aufforderung, sich nicht voll Wein zu saufen, wurden mir diese Schwierigkeiten besonders deutlich: Bei meinen Konfirmanden erntete eine Verlesung dieses Textes wegen eben dieser – von den Jugendlichen natürlich moralisierend verstandenen – Aufforderung überwiegend Heiterkeit.

Ein älterer Herr ließ mich nach einer Predigt über den Text augenzwinkernd wissen, »ein edles Tröpfchen Wein sei dennoch durchaus nicht zu verachten«.

Und Konfirmandeneltern hingegen beriefen sich in der Diskussion über alkoholfreies Abendmahl u. a. auch auf diesen Text und forderten, wegen der Rauschgefahren besonders bei Abendmahlsfeiern mit Jugendlichen auf Wein zu verzichten und ihn durch Traubensaft zu ersetzen.

Ähnlich vieldeutig erscheinen auch die anderen Aussagen des Textes (vgl. dazu Klaus Ahlheim in Predigtstudien II,2 Stuttgart, Berlin 1974, S. 238f., der in diesem Zusammenhang von einem »wahrhaft ›volkskirchlichen‹ Text« spricht).

Kann die Predigt hier Wege für ein richtiges, d. h. textgemäßes Verständnis ebnen? Wie kann sie ihren Charakter als Heilsverkündigung, d. h. Evangelium angesichts dieses rein paränetischen Textes bewahren? (Im Gesamtkorpus des Epheserbriefes sind ja Heilsindikativ [Kap. 1–3] und Imperativ [Kap. 4–6] eng miteinander verbunden.)

2. Hilfreich ist die exegetische Analyse, welche zeigt, daß es dem Verfasser in 5,15–21 darum geht, die Leser zur Weisheit, d. h. zu einem Verstehen dessen anzuleiten, was den Willen des Herrn ausmacht. Dieser Wille liegt nicht in kodifizierter Form als Rechtssatzung und Moralkatalog vor, sondern muß zu jeder Zeit neu gefunden werden. (Darum auch die Allgemeinheit der Formulierung!)

Die Verse 18–21 weisen den Weg, wie dies geschehen kann: negativ im Verzicht auf den Weinrausch, der ein Verstehen des Gotteswillens verhindert; positiv im gottesdienstlichen Miteinander, in welchem das Wirken des Geistes als Kommunikation mit dem Herrn und auch der Christen untereinander erfahren wird. Die Leser werden damit auf den Ort verwiesen, der ihnen als Ort konkreter Heilserfahrung vertraut ist. Hier erklingen ja Heils-

lieder, wie sie auch im Epheserbrief (vgl. Eph. 1,3–12; 1,20ff.; 2,14–18) zitiert werden, und in die einzustimmen die Leser ausdrücklich aufgefordert werden (Vers 19).
Dabei kommt es darauf an, daß das äußere Singen getragen ist durch ein inneres Singen und Spielen, bei dem der Christ mit dem Herzen ganz bei der Sache ist, d. h. dem Herrn zugewandt und offen für ihn. Nur so gerät das »Singen der Gemeinde« zu einem »Akt glaubender Hinwendung zu Christus, in dem der Geist zur Wirkung kommt« (A. Lindemann, Gottesdienstpraxis VI,4. S. 146) und dem Christen hilft, sich am Willen des Herrn zu orientieren, der auf eine dankbare Grundhaltung Gott gegenüber abzielt (Vers 20) und die Christen aneinander verweist (Vers 21). Die gottesdienstlich singende und betende Gemeinde ist somit das lebendige »Lernfeld der praxis pietatis« (Christiansen, a.a.O., S. 206).
3. Meine Predigt soll sich auf den hier angedeuteten Spuren ›einer Theologie des Singens‹ bewegen (ein solcher Weg kann ja nicht nur Predigten am Sonntag ›Kantate‹ vorbehalten sein!), da ich hier einen lustvollen und lusterzeugenden Weg bezeichnet finde, den Willen Gottes zu erkennen und ihm zu folgen. Dabei soll etwas von der verändernden Kraft gottesdienstlichen Singens sichtbar werden, die den ganzen Menschen erfaßt. Um das Singen als ganzheitlichen Akt des Menschen zu verdeutlichen, greife ich einen Einfall des russischen Dichters Jewgeni Jewtuschenko auf: »Eigentlich ist jeder Mensch eine Melodie. Es gibt Menschen, die die erstaunliche Gabe besitzen, mit dem Klingen ihres eigenen Lebens andere zu heilen und sanft zu beruhigen ...« (zitiert nach P. P. Kaspar, Meditationsgottesdienste, Graz, Wien, Köln 1973, S. 98).
Dazu paßt der 2. Vers des Liedes EKG 247, in dem auch das Thema des 18. Sonntag nach Trinitatis erklingt: ›Es ist ja, Herr, dein Gschenk und Gab / mein Leib und Seel und was ich hab / in diesem armen Leben. / Damit ichs brauch zum Lobe dein, / zu Nutz und Dienst des Nächsten mein, / wollst mir dein Gnade geben ...‹
Im Kontext dieser Gottes- und Nächstenliebe, mit der wir Gott durch unser Leben ein Lob- und Danklied singen, soll meine Predigt stehen. Sie möchte zeigen, wie das gesungene gottesdienstliche Lied mein Herz öffnet, wie es mir hilft, darin das Lied Gottes, seine Melodie zu vernehmen und mit meiner Lebensmelodie darin einzustimmen und andere durch meine Glaubens- und Lebensmelodie zum Mitsingen zu ermuntern.
Schön wäre es, wenn es dem Gottesdienst wie auch der Predigt gelänge, das Lied der Gemeinde sichtbar oder besser hörbar zu machen als »Möglichkeit der gemeinsamen Aussage: Gebet und Bekenntnis, Besinnung und Überlegung, Antwort und Engagement«. (Kurt Rommel, Wir singen vom Frieden. Lahr 1971, S. 3)
Im Gegensatz zu unseren oft kargen, nüchternen und frustrierenden Gottesdiensten könnte so auch der Gottesdienst als Festzeit erschlossen werden, in der wir singend und spielend bei der Sache sind, wie ich es z. B. in den liturgischen Nächten der letzten Kirchentage und auch u. a. bei einem Gottesdienst mit Konfirmanden erlebt habe, von dem in der Predigt die Rede sein soll.

Vorschläge zur Liturgie

Begrüßung

Ein Sprichwort sagt: »Wo man singt, da laß dich ruhig nieder, böse Menschen haben keine Lieder!« Gottesdienst ist seit alters her ein Ort, wo sich Menschen zum Singen niederlassen. Und ich freue mich, daß auch Sie heute den Weg hierher gefunden haben, um miteinander alte und neue Lob-, Dank- und Bittlieder zu singen. Wir wollen heute darüber nachdenken, was das Singen im Gottesdienst bedeutet. Singen ist mehr als Musik. Es will uns helfen, dem Willen Gottes entsprechend in dieser Welt zu leben. Davon soll heute gesungen und gesprochen werden.

Eingangspsalm
Psalm 34,2–6.9

Kyrie
»Ich will den Herrn loben allezeit« – ich will es, aber es fällt mir nicht leicht. Zu vieles belastet mich, macht mir das Herz schwer. Ich bitte ihn um Erbarmen: ... (Ch. Zippert. In: Gottesdienst 76, S. 30)

Gnadenwort
»Ich will den Herrn loben allezeit« – trotz allem, was mich belastet und mir das Herz schwermacht. Ich kann es, weil er mir hilft durch sein Wort, durch die Menschen, die mit mir singen: ... (a.a.O., S. 30)

Lesung
1. Samuel 16,15–23 mit folgender Einleitung: Wie Musik den Geist der Traurigkeit vertreiben kann, erzählt eine alte Geschichte: Der König Saul wurde oft von einem bösen Geist befallen, der ihn traurig und schwermütig machte ...

Gebet nach der Predigt
Sag ja zu mir, wenn alles nein sagt, / weil ich so viel falsch gemacht. / Wenn Menschen nicht verzeihen können, nimm du mich an trotz aller Schuld.
In Jesus ist uns Heil gegeben, / denn er war ganz für andre da. / An ihm muß ich mein Leben messen, doch oft setz ich allein das Maß.
Gib mir den Mut, mich selbst zu kennen, / mach mich bereit zu neuem Tun. / Und reiß mich aus den alten Gleisen: ich glaube, Herr, dann wird es gut.
Denn wenn du ja sagst, kann ich leben, / stehst du zu mir, dann kann ich gehen, / dann kann ich neue Lieder singen / und selbst ein Lied für andre sein.
So ist mein Leben nicht vergeblich: / für andre kann es Hilfe sein. / Ich darf mich meines Lebens freuen / und anderen Grund zur Freude sein.
Tu meinen Mund auf, dich zu loben, / und gib mir deinen neuen Geist. (Uwe Seidel und Diethard Zils in: ... und mit euch gehen in ein neues Jahr ...« Hamburg 1980, S. 27)

Lieder
EKG 247,1–2; 232,1–5; 197,1–4,8; 380; »Hilf, Herr meines Lebens ...«; »Wir bit-

ten, Herr, um deinen Geist ...«; »Unser Leben sei ein Fest ...« (Die neuen Lieder sind inzwischen in den meisten neuen Liederheften zu finden.)

Vorschlag für die Predigt

Möglicher Predigtanfang

›Und sauft euch nicht voll Wein, daraus ein unordentlich Wesen folgt!‹ Eine derbe, unüberhörbare Mahnung. Mir ist dazu eine kleine Geschichte eingefallen. In ihr erzählt Wolf-Dietrich Schnurre, wie sich jemand einfach über dieses Gebot hinwegsetzt.

»Eine Kirchenmaus hatte Oblaten geschmaust, sich am Abendmahlswein bezecht und torkelte nun, einen Choral pfeifend, die Altarstufen herab. ›Ich werde sie töten!‹ knirschte der Engel ergrimmt. ›Was für eine Logik!‹ sagte der Herr; so viele stehen nüchtern vom Abendmahl auf, ohne daß wir es ihnen verübeln; und hier, wo endlich mal eins das Mahl verändert verläßt, da regst du dich auf?‹ « (zitiert nach K. Eulenberger in: Konfirmation, hrsg. von H. Nitschke, Gütersloh 1978).

Aus den Worten des Engels scheint mir derselbe Geist zu sprechen wie aus den Mahnworten des Epheserbriefes: Eine moralisch gefärbte Engherzigkeit, die lieber Leben abschneidet und tötet, als eine Verletzung ihrer Prinzipien zuzulassen, die das Gesetz über das Leben stellt. Fast bin ich geneigt, den Text zur Seite zu legen oder – wenn überhaupt – gegen ihn zu predigen. Denn für eine Moralpredigt möchte ich mich nicht hergeben. Und in einer Gemeinde, deren Leben von klein-bürgerlichen Moralbegriffen bestimmt ist, könnte ich mich nicht wohl fühlen. Da stehe ich doch lieber auf der Seite des Herrn in der kleinen Geschichte. Er erteilt dem moralischen Übereifer des Engels eine Abfuhr und stellt sich vor die kleine, frohgestimmte Kirchenmaus. Daß sie sich hier bezecht hat, findet er nicht so wichtig, sondern vielmehr, daß sie durch die Abendmahlsfeier verändert wird. Sie wird mit einem frohen Herzen erfüllt und pfeift munter einen Choral. Aus den Worten dieses Herrn spricht Gottes guter Geist. Er fürchtet meine Veränderung nicht. Im Gegenteil: Er freut sich darüber, wenn ich frohgestimmt werde, meine Stimme erklingen lasse und mein Lied.

Ist dieser Geist in unserem Brief wirklich nicht mehr zu finden? Entdecken wir dort nur noch den erhobenen moralischen Zeigefinger? Am besten lesen wir ihn noch einmal mit den Augen dieses Herrn: ›Werdet voll von Geist! Redet untereinander in Psalmen und Lobgesängen; singet und spielet dem Herrn in euren Herzen!‹ Das klingt zunächst sehr nach Weltflucht in die Idylle des Gottesdienstes, in dem man hinter Kirchenmauern noch die Lieder singen kann, die sonst keiner mehr singt.

Nun aber finde ich: Es geht hier nicht um Gotteslob in der Weltabgeschiedenheit. Wir werden vielmehr angesprochen auf unsere Freude am Singen, Spielen und Feiern. Gottesdienst – ein Fest, bei dem der Geist Gottes Raum gewinnt:

Wir bekommen Lust, nach seinem Willen zu fragen und den Sinn unseres Lebens neu zu entdecken. Wir bringen – wie die Kirchenmaus – unseren Choral, die vielleicht schon verstummte Melodie unseres Lebens neu zum Klingen.

Weiterführende Gedanken

Ausgehend von den oben genannten Gedanken Jewtuschenkos wird unter Rückbezug auf die Schriftlesung aus 1. Sam. 16 gezeigt, welch heilende und befreiende Wirkung die Musik hat. Aber es war gewiß nicht nur Davids Saitenspiel, sondern seine freundschaftliche Gesinnung, d. h. seine Lebensmelodie, die dem König half.

Bei vielen Menschen ist diese Melodie verstummt oder von Dissonanzen überlagert: Sie singen nur noch das Lied der Sorge, der Trauer oder der Resignation. Sie erleben, wie ›in böser Zeit‹ mit dem Lied ihres Lebens auch das Lied des Glaubens verstummt. Um das innere Schweigen zu ›überhören‹, fliehen sie in die Scheinwelt des Rausches (Drogen, Arbeitswut, Urlaubsrummel u. a.). So erfahren sie die tiefere Wahrheit, die in einem alten Hymnus auf die Musik ausgesprochen ist: ›Der hat vergeben das ewig Leben, / der nicht die Musik liebt und sich beständig übt in diesem Spiel. / Wer hier auf Erden selig will werden, / der kann erreichen hier in allerschönster Zier durch Musik sein Ziel ...‹ (Zitiert nach: Musik in der Schule. Wolfenbüttel 1951, S. 149).

Darum ruft uns der Epheserbrief zum Singen und Spielen in unseren Herzen: Es geht um Sinn und Heil unseres Lebens und unseres Nächsten.

Zur Konkretisierung greife ich Äußerungen von Konfirmanden über einen Abendmahlsgottesdienst auf, den sie im Rahmen eines Freizeitseminars kurz vor ihrer Konfirmation erlebt hatten. (Die Gestaltung dieser Feier folgte dem Vorschlag von M. Becker in: Konfirmation. Hrsg. von H. Nitschke, Gütersloh 1978, S. 51 ff.): »Wir haben es genossen, daß Ruhe und Stille möglich waren. – Die gemütliche Atmosphäre und die feierliche Stimmung haben dazu beigetragen. – Das lockere Zusammensitzen, die Kerzen und Musik ließen diese Stimmung aufkommen. – Alle machten mit, und wir hatten das Gefühl, eine Gemeinschaft zu sein. – Nicht der Pfarrer hat uns das Brot ausgeteilt, sondern wir haben es uns gegenseitig gegeben. Dabei haben wir uns gute Wünsche für die Zukunft zugesprochen. – Im allgemeinen hat man gar nicht den Mut, jemandem etwas für seine Zukunft zu wünschen. Oder man kommt gar nicht auf so eine Idee. An diesem Abend war es eine ganz selbstverständliche Sache. – Wir haben uns durch die gegenseitigen Wünsche Hoffnung gegeben, die auf das persönliche Leben des einzelnen zugeschnitten war. – Wir hatten viel Zeit, um miteinander zu reden und uns über Anregungen zu unterhalten. – Wir haben nicht nur feierliche Musik gehört, sondern auch selber zur Gitarrenbegleitung stundenlang gesungen. – Insgesamt herrschte an diesem Abend eine nachdenkliche und dabei sehr fröhliche Atmosphäre.«

Einige der Aussagen der Konfirmanden werden nun noch näher erläutert: Die »nachdenkliche und sehr fröhliche Atmosphäre«, die durch Musik und Singen zustande gekommen ist, hilft den Menschen, sich zu öffnen:

- für ihre eigenen Gefühle und Gedanken, d. h. ihre ›innere Melodie‹, Lieder vermitteln nicht nur Informationen, sondern sind Ausdrucksmittel für Empfindungen und Gedanken, über die wir nur schwer sprechen können.
- für die Gemeinschaft. Musik verbindet. Das ist allgemein bekannt. Beim Konfirmandengottesdienst entstand auch eine Brücke zu den Außenseitern.
- für meinen Nächsten: ›sich gegenseitig persönliche Hoffnung geben‹ ist nichts anderes als das ›Einander-untertan-Sein‹, zu dem uns der Brief ermutigt: Ich bringe mit meiner Sprache etwas in dir zum Klingen, was dich ermutigt und stärkt.
- für das Gespräch über den Glauben. Ganz spontan entwickelten sich an jenem Abend zwischen den Konfirmanden Gespräche über ihr Leben, über Gott und den Glauben. Gespräche, an die wir am nächsten Tag anknüpfen konnten, als jeder Jugendliche sich seinen Konfirmationsspruch ausgesucht hatte und mit den anderen über die Gründe seiner Wahl sprach. Um es bildlich zu sagen: Wir fragten nach der Melodie des Glaubens, die für unser ganz persönliches Leben wichtig ist. Dabei kamen auch die Dissonanzen zur Sprache. Die Lieder der Angst vor der Zukunft, der Schule, dem späteren Berufsleben. Vor unserem Gott brauchen wir die Mißtöne unseres Lebens nicht zu unterdrücken.

Möglicher Schluß

Ich hoffe, Sie haben mit und in der singenden gottesdienstlichen Gemeinde ähnliche Erfahrungen gemacht wie diese Jugendlichen: Wir können uns singend und spielend verändern. Wir werden Menschen, die die Melodie ihres Lebens und Glaubens neu zu singen lernen. Veränderung hat mit dem Wirken des Geistes zu tun, der uns von Gott versprochen ist. Darum ruft uns unser Brief so überschwenglich zu: ›Laßt euch vollaufen mit seinem Geist!‹ Da spricht nicht moralische Engherzigkeit zu uns. Gemeint ist vielmehr: Ihr habt's nicht nötig, euch zu eurer Veränderung der Wirkung des Weins zu bedienen; denn ihr wißt um einen besseren Weg. Er heißt: Singt und spielt dem Herrn in euren Herzen! Darum laßt uns als singende Gemeinde einstimmen in Gottes Lied: In das Lied seiner Liebe, die uns annimmt, wie wir sind, mit den Harmonien und Dissonanzen unseres Lebens; in das Lied seines guten Willens, an dem sich unsere Lebensmelodie orientieren kann, in das Lied seiner Hoffnung für diese Welt, die uns ermutigt zu Schritten der Nachfolge.
Wer bei Gott in die Schule des Singens geht, der erfährt, daß er mit seiner Lebensmelodie getragen wird von der Kraft seines Geistes. Seine Melodie wird aus seinem Herzen nach außen dringen Gott zum Lob und zu »Nutz und Dienst des Nächsten«.

»Wenn es etwas Heilendes gibt, dann ist es der dankbare Lobgesang, der hier auf Erden beginnt, wo immer einem Menschen ein Klang von himmlischer Musik gelungen ist, ein Ton der Liebe, der Geduld, der Hoffung oder der Güte.« (Jörg Zink in: An jedem neuen Tag. H. 1. Stuttgart o. J. S. 31.)

19. Sonntag nach Trinitatis

Predigttext: 2. Mose 34,4–10

Helmut Liersch, Imogen Liersch

Theologisch-homiletische Skizze

1. Der Text bietet mir eine Fülle theologischer Themen an. Es geht um Treue, Gnade, Sünde, Bund, Wunder. So faszinierende Denkfiguren stecken darin wie »der vorübergehende Gott« oder »die 13 Eigenschaften Gottes«. Auch die Bereiche »Alter Bund«, »Kultischer Dekalog« oder »Israel und die Völker« ließen sich herausgreifen. Zu viel für eine Predigt. Zu groß die Gefahr einer Lehrpedigt über die Köpfe der Gottesdienstbesucher hinweg. Außerdem ist der Text selber bereits eine Predigt, nach der Katastrophe des Exils zu einer im Hören geschulten Gemeinde gesprochen. Über eine Predigt predigen? Oder sie verlesen? Am Text entlanggehen und hier und da etwas erläutern? Ich fürchte, daß mancher Prediger im Laufe seiner Vorüberlegungen mit diesen Fragen sich von dem komplizierten Text ab- und dem Evangelium oder einem anderen Text zuwendet.
2. Mein Vorschlag geht dahin, sich auf die Verse 5 und 6 zu beschränken (Gnade bis ins tausendste Geschlecht, Heimsuchung bis ins dritte und vierte Geschlecht). Zu diesem Vorgehen ermutigt mich die pointierte Auslegung von J. Ebach im Ergänzungsband: »Gott ist in dieser ethischen Auffassung zunächst der, der den Zusammenhang von Tun und Ergehen garantieren soll (der Aspekt der Gerechtigkeit). Zugleich ist er der, der diesen Zusammenhang durchbrechen kann, wenn die den Taten inhärenten Folgen nur Vernichtung bedeuten würden (der Aspekt der Liebe).« (S. 146) Der Text vermittelt mir frohe Botschaft: Es geht nicht heillos ungerecht zu in der Welt, sondern vieles (einiges?, alles?) hat seinen erkennbaren Grund. Ja, mehr noch: Da, wo das Brechen der Gebote zu großen Schaden für die Welt und ihre Menschen zur Folge hat, kann Gott gnädig über seinen Schatten springen.
3. Der Text enthält einen Erfahrungssatz (... drittes und viertes Geschlecht) und einen Glaubenssatz (... tausendstes Geschlecht). Ersterer nimmt die Tatsache ernst, daß das Verhalten unserer Eltern- und Großelterngeneration Auswirkungen hat auf uns und unsere Kinder. Freude und Leid der für einen einzelnen Menschen überschaubaren Generationen sind erklärbar. Der Glaubenssatz dagegen postuliert Gottes Gnade bis in die tausendste Generation. Einen solchen Zeitraum kann niemand überblicken. Dennoch steht auch hinter dieser Aussage eine Erfahrung: daß es nämlich noch immer nicht »aus« ist mit Israel, trotz aller Sünde, trotz des Brechens aller Gebote. Gott ist verläßlich; denn der Anlaß seines Zornes ist erkennbar (Mißachtung dessen, was wir uns an den zehn Fingern abzählen können); und er ist gnädig; denn sein Strafen ist begrenzt, nicht »automatisch«. Hier liegt ein wohltuender Unterschied zu der Parallele 2. Mose 20,5f., die Luther im Kleinen Katechismus als Antwort auf die Frage benutzt: »Was sagt nun Gott von diesen Geboten allen?«

4. Es wird sinnvoll sein, den Hörer zum Nachdenken über den Zusammenhang von Tun und Ergehen anzuregen. Im Bereich der überschaubaren drei oder vier Generationen stelle ich mir das nicht so schwer vor. Ob ich allerdings die Gnade Gottes bis ins tausendste Glied auch angesichts der heutigen Bedrohung vollmundig ausrufen darf, da bin ich mir gar nicht sicher. Der Text ist glaubensstärker als ich. Das ist das Gute und Göttliche an ihm.

Vorschläge zur Liturgie

Lieder

EKG 283,1–5 Von Gott will ich nicht lassen; EKG 218 Sonne der Gerechtigkeit; EKG 195 Aus tiefer Not schrei ich zu dir; EKG 37,4+5 Er hat unser verschonet. Aus dem Kirchentagsliederheft 1983 erscheinen mir neben vielen anderen geeignet: 677/724 Von guten Mächten; 610 Kehret um; 701 Freunde, daß der Mandelzweig (Text von Schalom Ben-Chorin).

Eingangsvotum

Barmherzig und gnädig ist der Herr, langmütig und reich an Güte. Er hadert nicht immerdar und verharrt nicht ewig im Zorn. (Psalm 103,8f.).

Lesungen

Als Evangelium ist gut geeignet die Heilungsgeschichte aus Mk. 2,1–12, ggf. mit folgendem Präfamen: Jesus tut das, was sich niemand verdienen oder von ihm verlangen kann: er vergibt Schuld. So heilt er.

Anstelle der Epistel kann ich mir gut den folgenden Text von Otto und Felicitas Betz vorstellen (aus: Tastende Gebete, München 1971, S. 27f.):
Ich habe eine Menge Erfahrungen gesammelt. / In kluge Happen dosiert, gebe ich sie meinen Kindern weiter. / Warum sollen sie in alle Löcher fallen, in die ich gepurzelt bin? / Sie sollen es leichter haben. // »Erfahrungen vererben sich nicht«, lese ich nun bei *Tucholsky,* / »jeder muß sie allein machen.« / Warum habe ich aber dann meine Erfahrungen gemacht, wenn ich sie nicht weitergeben kann? / Muß ich hilflos zusehen, / wie meine Kinder von Enttäuschung zu Enttäuschung stolpern, / wie sie mühsam und beschwerlich aus ihren Schadensfällen klug werden? / Es sieht ganz so aus, / als wären die durchformulierten Ergebnisse meiner Erfahrung ungenießbar. / Wer sich nicht selbst auf die Fahrt begibt, / der kann auch keine Erfahrung einbringen. / Hörbereit für die Erfahrungen anderer werde ich erst, / wenn ich mich an meine eigenen freudigen und leidvollen Erfahrungen erinnere. / Jetzt kann eine Übereinstimmung hergestellt werden. / Jetzt kann mir ein Licht aufgehen. // Erfahrungen sind wie Schwielen an den Händen. / Ich kann direkter zupacken, weil meine Hände geschult sind, / sie sind gesichert durch die früheren ›Hand‹lungen. / Auch die Schwielen an meinen Händen kann ich nicht vererben.

Kollektengebet

Herr, unser Gott, wir sind gekommen, weil wir von dir etwas erwarten. Wir brauchen Zuspruch, um leben und hoffen zu können. Wir brauchen die Gewißheit, daß wir nicht auf ewig festgelegt sind auf das, was uns mißlungen ist. Wir hoffen auf deine Barmherzigkeit.

Kirchengebet

(aus: Höre uns Herr! Neue Kollekten- und Kirchengebete für das ganze Kirchenjahr. Gütersloher Verlagshaus Gerd Mohn, Gütersloh 1982, S. 129f.)

Gott Vater im Himmel, du gibst uns Gebote und vergibst uns unsere Schuld. Wir danken dir, daß du uns nicht ohne Maßstäbe läßt, orientierungslos wie Blätter im Wind. Du herrschst durch Recht und Gnade, du richtest und vergibst. Wir danken dir, daß du uns nicht vernichtest, wenn wir deine Gebote übertreten. Wir bitten dich für deine Kirche. Daß wir dein Wort nicht verachten, sondern uns ermahnen, auf deinen Wegen zu bleiben.

Wir bitten dich, daß wir andere nicht nur richten, sondern auch deine Barmherzigkeit erfahren lassen. Wir bitten dich für Eltern und Erzieher, daß sie Jugendlichen zeigen, wie man leben kann, nicht starr und gesetzlich, aber auch nicht richtungslos.

Wir bitten dich für den Gesetzgeber und die Richter, daß sie das Recht pflegen und mit jedem einzelnen gerecht umgehen. Wir bitten dich für Journalisten und Künstler, daß sie für Freiheit und Würde des Menschen einstehen. Wir bitten dich für Wissenschaftler und Kritiker, daß sie Freiheit und Bindung, Weisheit und Erkenntnis nicht auseinanderreißen.

Laß in Wirtschaft und Politik Gerechtigkeit und nicht blinde Gewalt herrschen. Laß nicht Grausamkeit und Erpressung, sondern Recht und Vernunft uns leiten. Gib den Ländern ohne Freiheit und Recht Ordnungen, in denen alle leben können, die Starken und die Schwachen, die Alten und die Jungen, die Mehrheiten und die Minderheiten, die Gesunden und die Kranken.

Herr, sieh uns gnädig an, wenn wir scheitern, vergib, wo wir deine Gebote nicht halten, und laß uns darauf bauen, daß deine Wege mit uns barmherzig sind und dein guter Wille unser Leben will.

Vorschlag für die Predigt

Möglicher Anfang

Liebe Gemeinde, Gesine ist vier Monate alt. Sie ist die Tochter unserer Nachbarin. Kürzlich waren beide bei uns zu Hause. Der kleine Säugling lag auf dem Sofa neben seiner Mutter und bekam zufällig ein Stück Seidenpapier zu fassen. Es raschelte vernehmlich. Gesine freute sich. Sie ließ das Papier los: es war still. Sie grapschte wieder zu: es raschelte erneut. So ging das etwa zehn Minuten lang. Ich konnte es an ihrem Gesicht sehen: Gesine war begeistert darüber,

daß immer wieder dasselbe passierte. Sie hatte es offensichtlich in der Hand, ob es raschelte oder ob es still war.
Wenn sie etwas älter ist und sitzen kann, dann wird sie Tassen vom Tisch werfen. Sie wird lernen: das erzeugt – nach einer kurzen Stille – einen Heidenlärm. Sie wird aber auch erfahren: den Erwachsenen macht das gar keinen Spaß. Als Jugendliche dann wird sie es verlernen, auf solche einfachen Zusammenhänge zu achten. Sie wird – wie wohl die meisten von uns auch – nicht bewußt erleben, daß sie vieles von dem, was ihr widerfährt, selber auslöst. Das ist dann die Zeit, in der sie von den Erwachsenen in ein neues Spiel eingeweiht werden wird. Auch das dreht sich um Ursachen und Wirkungen. Sie wird von Eltern, Freunden und Verwandten auf Familienstrukturen hingewiesen werden. »Du bist wie deine Mutter!« wird sie ihren Vater zu ihrer Mutter sagen hören. Diese wiederum wird sie mit einem Satz kontern hören, der mit den Worten beginnt: »Und in deiner Familie ...« Vielleicht wird sich Gesine an diesem Spiel beteiligen, wird ihrerseits Zusammenhänge entdecken über zwei oder drei Generationen hinweg. Sie wird dabei zwei ganz unterschiedliche Erfahrungen machen. Die eine ist angenehm: Es gibt im Leben etwas, worauf ich mich verlassen kann (z. B.: weil meine Eltern mich geliebt haben, kann auch ich lieben; weil meine Oma musikalisch war, kann ich mühelos vom Blatt singen ...). Die andere Erfahrung ist unangenehm: Meine Herkunft bindet mich, ich bade das aus, was Generationen vor mir versäumt haben (z. B.: weil meine Eltern über ihre Verhältnisse gelebt haben, konnten sie mir nichts hinterlassen; weil meine Mutter ein schädliches Medikament genommen hat, bin ich behindert ...).

Zum weiteren Verlauf
Die positiven Erfahrungen können nun anhand der folgenden Geschichte konkretisiert werden (aus: In deinen Toren Jerusalem. Eugen Salzer Verlag, Heilbronn 1978[6]): Ein Weiser mit Namen Choni ging einmal über Land und sah einen Mann einen Johannisbrotbaum pflanzen. Er fragte: »Wann wird das Bäumchen wohl Früchte tragen?« – »In siebzig Jahren.« Da sprach der Weise: »Du Tor! Denkst du in siebzig Jahren noch zu leben und die Früchte deiner Arbeit zu genießen? Pflanze lieber einen Baum, der früher Früchte trägt, daß du dich noch daran freust.« Der Mann antwortete: »Rabbi, als ich zur Welt kam, aß ich von Johannisbrotbäumen, ohne daß ich sie gepflanzt hatte, denn das hatten meine Väter getan. Habe ich nun genossen, wo ich nicht gearbeitet habe, so will ich einen Baum pflanzen für meine Kinder oder Enkel, daß sie davon genießen. Wir Menschen mögen nur bestehen, wenn einer dem anderen die Hand reicht.«
Wer mag, kann nun schildern, welche Folgen schon heute durch unser auf Wachstum, Wohlstand und Waffen basierendes System für die kommenden Generationen sichtbar werden. Das Ganze kann dann in Fragen münden: Ist es ausgemachte Sache, daß ich mich nur als Kind über die Zusammenhänge zwischen Tun und Ergehen freuen kann? Wie komme ich damit zurecht, daß ich in

vielem ein für allemal festgelegt bin? Was passiert mit einer Welt, deren Menschen so offenkundig gegen Gottes Gebote verstoßen? Ist der Untergang programmiert?

Wer möchte auf solche Fragen schon mit eigenen Erfahrungen antworten? Wer wollte angesichts der globalen Bedrohung behaupten: Es wird sicher nichts passieren? Ich möchte darum auf die großen Glaubenserfahrungen des Alten und des Neuen Testamentes hinweisen. Da ist Mose (hier folgen lediglich Andeutungen einer möglichen breiteren Ausmalung der Szene): Ihm steht noch die Katastrophe vor Augen, daß das ganze Volk sich von Gott abgewendet und dem Goldenen Kalb zugewendet hat. Den Gott, der es gnädig aus der Knechtschaft herausgeführt hatte, hat es zur Seite gestoßen. Grund genug, das Volk zu vernichten. Mose macht aber eine überraschende Erfahrung, als er mit seinen leeren Tafeln auf den Berg kommt. Gott stellt sich ihm neu vor: »... ein barmherziger und gnädiger Gott ... der Gnade bewahrt bis ins tausendste Geschlecht, ... der Schuld heimsucht bis ins dritte und vierte Geschlecht ...« Die Folgen von Israels Verfehlung bleiben überschaubar. Damit hatte Mose nicht »rechnen« können; das liegt jenseits von Recht und Gerechtigkeit, das ist Liebe.

Ich zögere, die Erfahrung des Mose auf heute zu übertragen. Hat irgend jemand ein Recht, auf Gottes Barmherzigkeit zu pochen? Können wir angesichts der wirtschaftlichen und militärischen Sackgassen und angesichts gnadenloser Waffensysteme uns und andere mit einem gnädigen Herrn dieser Welt beruhigen? Nein. Was ich aber kann, ist, hoffnungsvoll in die Vergangenheit (!) schauen: da sehe ich, daß Gott etwas kann, was ich nicht kann.

Nun möchte ich an die zentrale Erzählung der Bibel erinnern: Überrascht und überwältigt schreiben alle vier Evangelisten eine unglaubliche Geschichte auf. Gott kommt in die Welt, gibt sich als gnädig und zugewandt zu erkennen – und wird hingerichtet. Die größte Katastrophe der Menschheit. Aber selbst da hindurch bleibt Gott barmherzig. Jenseits aller Berechenbarkeit erweckt er Jesus zu neuem Leben. So etwas gibt es also! Wie vermessen wäre es dann, auf etwas Geringeres zu hoffen!

Möglicher Schluß

Liebe Gemeinde, noch ist Gesine, die Tochter unserer Nachbarin, erst vier Monate alt. Noch freut sie sich, wenn sie ein Rascheln mit dem Papier hervorbringt. Noch zeigt sich der Zusammenhang zwischen dem, was sie tut, und dem, was sie erlebt. Ich hoffe, daß sie das nicht verlernt. Dann wird sie auch als Erwachsene ihre Sinne auf das richten, was sie tut, auf jeden Schritt, auf jedes Wort. Sie wird dann auch auf die Gebote achten, die Mose vom gnädigen Gott entgegengenommen hat. Sie wird sich bemühen, sie einzuhalten, so gut es irgend geht. Sie wird sich an ihren zehn Fingern abzählen können, daß diese Gebote zum Leben helfen. Amen.

Kontexte

1. Von der Freude und vom Schmerz

Freude und Schmerz sind die ursprünglichen Erscheinungsformen von Gut und Böse. Die Freude soll das Leben zur Erfüllung seiner Bedürfnisse lenken, damit es sich entwickeln und entfalten kann. Der Schmerz soll es von tödlichen Gefahren fernhalten. Allein der Mensch hat aus Freude und Schmerz eine Wissenschaft gemacht, eine Kunst, ein Rechenexempel. Nur er bringt es fertig, der Natur zuwiderzuhandeln und in die Frucht zu beißen, indem er über die Erfüllung der Lebensbedürfnisse hinaus, ja sogar zum Schaden des Lebens sich noch mehr Freude zu verschaffen sucht. Andererseits meidet er den Schmerz, so gut er kann, und ist gern bereit, dessen Warnsignale auszuschalten und heilsame Bedrängnisse zu umgehen (S. 21). (Aus: Lanza del Vasto »Die Macht der Friedfertigen«, Verlag F. H. Kerle, Freiburg/Heidelberg 1982. Dieses Hauptwerk des 1981 gestorbenen katholischen Gandhischülers ist, obwohl bereits 1959 verfaßt, erst seit 1982 in deutscher Übersetzung zu haben. Es liest sich wie ein großer Kommentar zum Predigttext. Einige weitere Auszüge:)

Die Bemühungen unzähliger Generationen haben uns von Grund auf verändert und verunstaltet. Das können wir nicht an einem Tage wieder rückgängig machen. Auch können wir es nicht ohne übernatürliche Hilfe erreichen (S. 23).

Die großen Übel, die ich beschrieben habe, entstehen nicht durch böse Menschen, sondern durch ehrenhafte Leute, die nach den Gesetzen handeln. Sie und ihre Gesetze sind es, mit denen der Fürst dieser Welt sein Spiel treibt (S. 74).

2. Die Unfähigkeit zu trauern

Wo Schuld entstanden ist, erwarten wir Reue und das Bedürfnis der Wiedergutmachung. Wo Verlust erlitten wurde, ist Trauer, wo das Ideal verletzt, das Gesicht verloren wurde, ist Scham die natürliche Konsequenz. Die Verleugnungsarbeit erstreckte sich gleichermaßen auf die Anlässe für Schuld, Trauer und Scham. Einer der ökonomischen Vorteile dieses globalen Rückzuges aus der eigenen Vergangenheit war, daß man sich entsprechend in mehreren Richtungen ungebrochen der Gegenwart und ihren Aufgaben hinzugeben vermochte. Man hielt das für besser als »fruchtloses Wühlen in der Vergangenheit«. Wenn überhaupt Erinnerung, dann als Aufrechnung der eigenen gegen die Schuld der anderen. Manche Greuel seien unvermeidbar gewesen, weil die Greuel der Gegner das Gesetz des Handelns vorgeschrieben haben. Schließlich löst sich eine besondere Schuld auf dem eigenen Konto vollends auf. (Aus: Alexander und Margarete Mitscherlich, Die Unfähigkeit zu trauern, Verlag R. Piper, München 1980[13], S. 36)

3. Pappengel

Nichts in uns kann sich ändern, ohne daß wir es zuerst akzeptieren. »Nicht wie man eine Neurose los wird, hat der Kranke zu lernen, sondern wie man sie trägt. Denn die Krankheit ist keine überflüssige und darum sinnlose Last, sondern sie ist er selber, er selber als der ›andere‹, den man immer auszuschließen versuchte.« Wenn wir vor dem Bösen in uns flüchten, gefährden wir uns selbst; das Böse ist potentielle Vitalität, es muß nur umgesetzt werden. Ohne das kreative Potential unserer Destruktivität sind wir Pappengel. (Aus: Sheldon B. Kopp, Triffst du Buddha unterwegs, Fischer Taschenbuch Verlag, Nr. 3374, Hamburg 1979[2], S. 97)

4. Wunder

Als Warnung vor einer zu heftigen Weltuntergangs-Predigt schließlich folgende Lesefrucht aus einem Gemeindebrief: Einem Wanderprediger werden Wunderkräfte nachgesagt. Erzählt ein begeisterter Anhänger: »Da gingen wir kürzlich durch eine Straße, und in einer Haustür standen Jugendliche, die sich über den Prediger lustig machten. Da streckte er die Hand gegen das Haus aus und rief zornig: ›Gott, lasse das Haus zusammenstürzen über diesen Sündern!‹ Dann besann er sich und rief noch lauter: ›Nein, um der Gerechten willen, die in diesem Hause sein mögen – laß das Haus stehen!‹ Und was meint ihr – das Haus blieb stehen!«

Reformationstag

Predigttext: Philipper 2,12–13
Ingrid Adam

Theologisch-homiletische Skizze

Ich denke nicht, daß man am Reformationsfest einfach über diesen Text predigen kann, ohne auf Luther und seine Erkenntnis der Rechtfertigung einzugehen. Und so gerät der Text in einen sonderbaren Widerspruch zum Anlaß des Tages. Denn wie auch immer Exegeten sich bemühen, den Satz in Vers 12b (»schaffet, daß ihr selig werdet, mit Furcht und Zittern«) zu entschärfen und in die aus Paulus herausgefilterte Rechtfertigungstheologie einzubauen: Ich betrachte diesen Satz als einen Ausrutscher des Paulus bzw. als Rückfall in die alte Angst (so Oskar Pfister in: Das Christentum und die Angst. Walter-Verlag Olten und Heidelberg, 2. Aufl. 1975. Nach Pfisters Ansicht hatte auch Luther solche »Rückfälle«.). Und ich denke, auch die Hörer verstehen ihn eher bedrohlich. Ich bin nicht bereit, ihn rechtfertigungstheologisch geradezubiegen, und frage mich, unter welchem Aspekt dieser Text für das Reformationsfest ausgewählt wurde.
Ich kann mit Vers 12b nicht anders umgehen (am Reformationsfest!), als ihn am Klosterleben Luthers, das ja genau unter der Parole »Furcht und Zittern« stand, zu exemplifizieren und daraus seine neue Erkenntnis zu entwickeln. Dabei kann ich gleichzeitig einiges Biographische über Luther einfließen lassen auf dem Hintergrund der allgemeinen Angst des Mittelalters. Ich glaube zwar nicht, daß die Hörer heute von der Frage »Wie bekomme ich einen gnädigen Gott?« besonders umgetrieben werden, aber ich meine doch, daß ihnen Luthers Gewissensqualen einige Teilnahme und Sympathie entlocken.
Von hier aus sehe ich zwei mögliche Wege, die Predigt weiterzuführen.
1. Man kann den Versuch, mit »Furcht und Zittern« selig zu werden, für heute interpretieren als den Versuch der Selbsterlösung durch Arbeit (»workaholics«) und Streben nach Erfolg, Leistung und Sicherheit. »Die Frage nach dem Heil ist keineswegs verschwunden, aber radikal vergeschichtlicht worden. Die Sehnsucht nach einer heilen Welt und nach einer Zukunft in Gerechtigkeit und Frieden besetzt Gedanken, Gefühle, Wünsche und Sorgen der Menschen in einem ungewöhnlichen Ausmaß ... Die Flucht in die Leistung und das Prestige, die nihilistische Angst vor der Sinnwidrigkeit einer absurden Existenz ist nicht zu übersehen ... Die existentielle Sorge um das Sein überhaupt wird zu verstehen sein als eine letzte, aus der Tiefe kommende Anfrage an eine Gewißheit, aus der heraus sich leben läßt.« (Wilhelm Dantine, Rechtfertigung – damals/heute. In: Thema Reformation. Furche-Verlag Hamburg 1967, S. 59f.)
Ein heikles Thema, wenn man es nicht oberflächlich nimmt, weil man mit einiger Sicherheit davon ausgehen kann, daß diese Tendenz zur Selbsterlösung durch Leistung (mit allem Streß und allen Herzinfarkten und der perfiden Forderung nach »Recht auf Arbeit«) ein – wenn auch ungewolltes – Ergebnis der protestantischen Ethik ist. »Auf Luther ist ... der Bedeutungswandel des Wortes ›Beruf‹ zurückzuführen, das bis dahin so viel wie Be-

rufung, Vokation bedeutete und erst bei ihm den heutigen Sinn von Handwerk, Fachtätigkeit annimmt ... Bis dahin hatte man die Arbeit als eine Strafe, bestenfalls als ein notwendiges Übel angesehen; jetzt wird sie geadelt, ja heiliggesprochen. Von dieser Auffassung, die erst der Protestantismus in die Welt gebracht hat, geht eine gerade Linie zum Kapitalismus und zum Marxismus, den zwei stärksten Verdüsterern Europas, die beide, obgleich in ihren Zielen entgegengesetzt, dieselbe ethische und soziale Grundlage haben.« (Egon Friedell, Kulturgeschichte der Neuzeit, Bd. 1, dtv 1168, S. 333f.)
Der theologische Topos »iustificatio impii« drückt sich anthropologisch in der Selbstannahme des Menschen aus. Der mit Gott Versöhnte kann – mit sich selbst versöhnt – angstfrei leben. Daraus erwachsen Fähigkeiten, die das Leben verändern: z. B. genießen zu können, gelassen zu denken und zu handeln, das Selbstwertgefühl nicht von Leistung abhängig zu machen.
2. Eine individuellere Version, die sich mit der Frage beschäftigt, wie die Rechtfertigung für einen Menschen erlebbar wird und welche Hindernisse sich ihm dabei in den Weg stellen:
Was Menschen in ihren Beziehungen unsicher macht, ist die Frage nach einem »gnädigen« Chef, Ehepartner, Sohn, Vater usw. Menschen verteilen ihre Sympathie und Akzeptanz gewöhnlich nach einem »Wenn-dann«-Schema: »Wenn du dich so und so verhältst, dann liebe ich dich«. Darin sehe ich eine Parallele zu Luthers Vorstellungen von Gottes Gnade und Liebe in seiner Klosterzeit: »Gott liebt dich (nur), wenn du ...« Beide Male handelt es sich um Liebe, die ihre (unerfüllbaren) Bedingungen stellt. So gesehen, bestand Luthers reformatorische Erkenntnis darin, daß Gottes Liebe keine Bedingungen stellt, besser gesagt: in der Erkenntnis der Gleichzeitigkeit von Sündhaftigkeit und Gnade, dem »simul peccator et iustus«. Damit fallen Buß- und Ablaßpraxis, die Ausgeburten der Angst, weg, der Mensch wird frei, Gutes zu tun. Das ist auf der menschlichen Seite zu vergleichen mit einem Menschen, der sich ändern kann, *weil* er geliebt wird, nicht *damit* er geliebt wird. Diese Aussage entspricht dem Vers 13 des Textes: Das veränderte Verhalten ist das Ergebnis der Liebe, sie bewirkt beides, das Wollen und das Vollbringen.

Liturgie

Lesung

Röm. 8,31–39

Lieder

Ich habe nun den Grund gefunden (EKG 269)
Nun lob, mein Seel, den Herren (EKG 188)
Nun freut euch, lieben Christen g'mein (EKG 239)

Gebet nach der Predigt

Herr, dir sind wir recht so, wie wir sind. Wir möchten das gern glauben, aber wir können es nur glauben, wenn wir es erfahren. Darum bitten wir dich: Schicke uns Menschen, die uns so akzeptieren und liebhaben, wie wir sind. Wir haben auch unsere Fehler, das wissen wir besser als jeder andere, aber wir können uns nur ändern, wenn uns jemand dabei hilft. Es müßte jemand sein, der nicht an uns herumnörgelt, sondern Vertrauen zu uns hat, weil er auch unsere guten Seiten sieht, nicht nur unsere Schwächen. Herr, dir sind wir recht so, wie wir sind. Darum hilf uns, auch andere Menschen zu akzeptieren, nachsichtig zu ihnen zu sein, auch wenn wir sie nicht verstehen. Auch sie haben ihre guten Seiten, vielleicht haben wir sie bloß noch nicht entdeckt. Herr, laß deine Güte unter uns wachsen. Deine Güte ist da, wo der Mensch dem Menschen gut ist. Amen.

Predigt

Möglicher Anfang

Der Apostel Paulus hat einmal in einem Brief an seine Lieblingsgemeinde in Philippi die folgenden Sätze geschrieben: »Also, meine Lieben, wie ihr in meiner Gegenwart gehorsam gewesen seid, so seid es nun auch in meiner Abwesenheit, und schaffet, daß ihr selig werdet, mit Furcht und Zittern. Denn Gott ist's, der in euch wirkt beides, das Wollen und das Vollbringen, zu seinem Wohlgefallen.« Ich stelle mir vor, wie solche Briefe des Apostels an seine Gemeinde damals im Gottesdienst verlesen und ehrfürchtig gehört wurden.
Diese Briefstelle ist der für heute vorgeschlagene Predigttext, und heute feiern wir das Reformationsfest. Machen wir einmal einen Gedankensprung zu Luther und stellen uns vor, Luther hätte diesen Brief für den heutigen Tag an unsere Gemeinde geschrieben: »Also, meine Lieben, wie ihr bisher Gott gehorsam gewesen seid, so seid es auch in Zukunft, und schaffet, daß ihr selig werdet, mit Furcht und Zittern. Denn Gott ist's, der in euch wirkt beides, das Wollen und das Vollbringen, zu seinem Wohlgefallen.« Dann würden wir wohl erstaunt gucken, wenn wir uns an unseren Religionsunterricht erinnern. Der Anfang, das mit dem Gehorsam, das paßt wohl noch zu Luther und seinem Sprachgebrauch, und der Schluß auch, aber der Satz »Schaffet, daß ihr selig werdet, mit Furcht und Zittern«? Das paßt nicht zu Luther, nicht zu seiner wichtigsten Erkenntnis, daß der Mensch gerechtfertigt wird ohne des Gesetzes Werke, allein aus Gnade, und das heißt ja wohl: ohne Furcht und Zittern. Zu Paulus paßt dieser Satz übrigens auch nicht so recht.
Aber trotzdem hat dieser Satz für Luther einmal eine große Rolle gespielt, und seine reformatorische Erkenntnis wäre ihm wohl nicht zuteil geworden, wenn er im Kloster nicht so inbrünstig versucht hätte, seine Seligkeit zu schaffen mit Furcht und Zittern.

Zum weiteren Verlauf

Jetzt kann Biographisches über Luther folgen auf dem Hintergrund seiner Suche nach dem »gnädigen Gott«. Dann können die beiden oben aufgezeigten Wege sich trennen. Den ersten möchte ich nicht weiter verfolgen, nur Hinweise dazu geben: Ich würde diesen Weg einleiten durch die Frage, wo Luther heute bei uns diagnostizieren würde, daß Menschen ihr Heil suchen »mit Furcht und

Zittern«. Und zum Schluß würde ich das bekannte Luther-Zitat vorlesen: »... so daß also dieses Leben nicht ist ein Frommsein, sondern ein Frommwerden, nicht eine Gesundheit, sondern ein Gesundwerden, nicht ein Sein, sondern ein Werden, nicht eine Ruhe, sondern eine Übung; wir sind's noch nicht, wir werden's aber. Es ist noch nicht getan und geschehen, es ist aber im Gang und Schwang. Es ist nicht das Ende, es ist aber der Weg; es glüht und glänzt noch nicht alles, es fegt sich aber alles.«

Der zweite Weg geht so weiter: »Wie bekomme ich einen gnädigen Gott?« – alle Religionen haben eine Antwort darauf, und diese Antwort fängt immer mit einem »Wenn« an. Gott (oder Allah oder wie er sonst heißen mag) ist dir gnädig, *wenn:* ... du seine Gebote hältst, ... betest, ... fastest, ... jeden Sonntag zur Kirche gehst usw. Und das alles zusammen bedeutet: Du, kleiner Mensch, bist ein Nichts, ein Dreck. Erst wenn du dich ein Leben lang abrackerst und richtig quälst, dann bist du vielleicht, ganz vielleicht, Gott recht.

Vielleicht sagen Ihnen diese theologischen Gedankengänge wenig. Sie werden Ihnen gleich eine Menge sagen, wenn ich sie herunterhole auf die menschliche Ebene, wenn ich nämlich frage: Wie bekomme ich gnädige Eltern, d. h. Eltern, die mich lieben und akzeptieren? Einen Chef, der mich anerkennt? Einen Mann, der ... usw. Und wenn wir diese Fragen beantworten, dann taucht immer wieder dieses Wörtchen »wenn« auf. Erinnern wir uns an unsere Eltern. Wann hatten wir das Gefühl, daß sie uns liebten und gut gesonnen waren? *Wenn* – wir brav aßen, ... still waren, ... gute Noten hatten, kurz: wenn wir so waren, wie sie uns haben wollten. Erinnern Sie sich an die Angst, wenn es nicht so war? Und das alles hinterließ seine Spuren in uns. Wir fühlen uns nur wohl und geliebt, wenn wir funktionieren, nicht stören, denn wir haben früh gelernt, daß die Liebe ihren Preis hat, daß sie nur unter bestimmten Bedingungen zu haben ist, daß man sie sich oft mit Angst erkauft. (Hier können weitere Beispiele aus dem Bereich der Hörer, etwa auch mit der Einhaltung sozialer Normen als Preis für das Akzeptiertwerden, folgen.)

Und wir selber verhalten uns auch nicht anders. Auch unsere Liebe stellt ihre Bedingungen. Aber jeder spürt doch ganz tief in sich den Wunsch, daß es anders sein möge, daß Liebe, Zutrauen, Freundschaft, Treue nicht an Bedingungen geknüpft wären. Wir wünschen uns jemanden, bei dem wir spüren könnten: Dem bin ich recht so, wie ich bin, ich brauche keine Angst zu haben, seine Liebe zu verlieren. Da muß ich nichts verbergen, verschweigen, hinunterschlucken, vorspielen. Dann könnte man seine Fehler auch einsehen, könnte sich ändern – freiwillig, aus Liebe, aus der Geborgenheit heraus, die Liebe, Freundschaft, Zutrauen und Treue einem schenken. Dann kann man sich ändern, seine Fehler korrigieren, weil man's nicht tut, um sich die Liebe damit angstvoll zu erkaufen, sondern weil man den geliebten Menschen nicht verletzen möchte. Luther hat einmal in einer Predigt gesagt, das Evangelium könne einen Christen »lustig machen, fromm zu sein«, d. h. ihm Lust machen, fromm zu sein. Und so könnte man sagen, daß die Liebe einem Lust macht, gut zu sein. Und Luther hat eines Tages verstanden, daß Gott uns ohne jedes Wenn und Aber liebt. (Hier folgen einige Gedanken aus Luthers Rechtfertigungslehre.)

Schluß

Manche Menschen können nicht lieben, ohne ihre Bedingungen zu stellen. Diese Bedingungen werden nicht ausgesprochen, aber sie sind da, und man spürt die Erwartung und man spürt den Druck. »Furcht ist nicht in der Liebe«, steht im ersten Johannesbrief: Wer liebt, sollte sich nicht zu fürchten brauchen vor dem, den er liebt.

Wie es aussieht, wenn jemand ohne Bedingungen liebt, wenn Liebe und Güte nicht vom Wohlverhalten abhängig gemacht werden, wenn die Angst vor der Strafe sich auflöst in das Erlebnis von Güte und Humor, das möchte ich Ihnen an einer Geschichte zeigen.

Die Geschichte von den Rosinenbrötchen: Einmal hat der Vater zum Kind gesagt: »Bitte, lauf doch schnell für mich zur Post und kauf mir dreißig Briefmarken.« Und die Mutter hat gesagt: »Auf dem Rückweg kannst du beim Bäcker drei Rosinenbrötchen holen.« Das Kind ist mit dem Geld fortgegangen. Es war gar nicht weit zur Post. Aber die anderen Kinder haben auf der Straße gespielt, und das Kind hat ihnen zugesehen und ein bißchen mitgespielt. Dann ist es zur Post gelaufen. Es hat drei Briefmarken gekauft, und dann hat es beim Bäcker dreißig Rosinenbrötchen geholt, zwei große Tüten voll, das Kind konnte sie kaum schleppen. Der Vater hat gelacht und gerufen: »Jetzt muß ich Rosinenbrötchen auf meine Briefe kleben!« Und die Mutter hat auch gelacht und hat schnell Kaffee gekocht, und sie haben Rosinenbrötchen gegessen, bis sie Bauchweh hatten. (Ursula Wölfel, Achtundzwanzig Lachgeschichten, Düsseldorf 1969)

Ich weiß nicht, wie es Ihnen beim Zuhören ging – ich bekomme jedesmal Herzklopfen an der Stelle, wo das Kind mit den falschen Sachen heimkommt. Was hätte aus dieser Geschichte werden können! Aber da gibt es kein Schimpfen, keine Schläge, es muß nicht Abbitte geleistet werden. Die Eltern lachen, und die drei essen zusammen Rosinenbrötchen.

Hier ist das, was Luther mit dem abstrakten Begriff »Rechtfertigung« meinte, ganz real geworden: Die Liebe stellt keine Bedingungen. Güte, Humor und Liebe haben gesiegt, und wo das geschieht, da ist Gott ganz nah, da geschieht Gott in unserem Leben, und wir, die gerechtfertigten Sünder, leben von seiner Liebe.

Kontexte

Gott ist nicht der Richter, der freispricht, sondern der Vater, der verzeiht. (Egon Friedell, Kulturgeschichte der Neuzeit, Bd. 1, dtv 1168, S. 298)

Gott sieht die Werke nicht. Der Heilge, wann er trinkt / Ist ihm so lieb wie wann er bet' und singt. (Angelus Silesius)

Gott gibt so gut auf das Koaxen acht / Als auf das Tirili, das ihm die Lerche macht. (Angelus Silesius)

Rabbi Chajjim von Zans pflegte zu sagen, daß die meisten Menschen hin- und hereilen, auf der Suche nach Glück und der Jagd nach Reichtum, und enttäuscht sind, wenn sie weder das eine noch das andere finden. »Vielleicht wäre es besser, wenn sie einmal einhielten und dem Glück erlaubten, sie dort zu finden, wo sie sind.« (Aus: Ratlos war der Rabbi nie. Hg. von Shmuel Hacohen GTB 1022, S. 53f.)

Aus der Welt werden wir nicht fallen. (Grabbe; das war, lt. Scharfenberg, das Lieblingssprichwort Sigmund Freuds.)

Alle, die edler sein wollen, als ihre Konstitution es ihnen gestattet, verfallen der Neurose; sie hätten sich wohler befunden, wenn es ihnen möglich geblieben wäre, schlechter zu sein. (Sigmund Freud)

(Vgl. auch die »Anekdote zur Senkung der Arbeitsmoral« von Heinrich Böll)

Hölzernes Eisen:
Nach 1. Johannes 4,18 treibt die vollkommene Liebe die Furcht aus, darum auch die Moral, denn Moral ist Furcht. Furcht und Moral beginnen, wo Liebe aufhört. Furcht und Moral hören auf, wo Liebe beginnt. Insofern ist »christliche Moral« ein hölzernes Eisen. (Kurt Marti, Zärtlichkeit und Schmerz. Luchterhand Verlag, Darmstadt und Neuwied 1979, S. 126)

20. Sonntag nach Trinitatis

Predigttext: 2. Korinther 3,3–9

Wolfgang Lück

Theologisch-homiletische Skizze

Der Text gehörte früher zur zweiten Reihe und war in der Abgrenzung von 3,4–9 dem 12. Sonntag nach Trinitatis zugeordnet. Das Proprium dieses Sonntags ist das Wunder des Hörens auf das Wort Gottes. In diesem früheren Zusammenhang lag die Betonung auf Vers 6: »Der Buchstabe tötet, aber der Geist macht lebendig.« Das Lob des »neuen« Amtes war Zielpunkt der Predigt. In diesem Sinne habe ich den Text noch 1968 gepredigt. So werden ihn die meisten auch kennen. Die Verschiebung des Textes auf den 20. Sonntag nach Trinitatis und damit in den Zusammenhang eines etwas anderen Propriums läßt es geraten sein, sich mit der Frage des Zielpunktes neu zu beschäftigen. In dem neuen Zusammenhang geht es um die Frage, wie im Geist mit dem Vorgeschriebenen umzugehen sei, wie aus dem Geist heraus das Vorgeschriebene zu sehen ist. So jedenfalls legen es die dem Sonntag zugeordneten Texte nahe: Mk. 10,2–9 (Frage der Ehescheidung); 1. Mose 8,18–22 (Noachitischer Segen); Mk. 2,23–28 (Sabbatfrage). Dieses Proprium eines freien und kritischen Umgangs mit dem Gesetz ist durch die zeitliche Nähe zum Reformationsfest unterstrichen.

Schwierigkeiten bereitet an dem Text zunächst einmal die Tatsache, daß er der Beglaubigung bzw. der Legitimation des Paulus gegenüber seinen Gegnern dienen soll. Wo liegt in solch einem Fall der Bezug zur Gemeinde heute? Behandelt man die Legitimationsproblematik des Paulus, so haben die Hörer heute nicht viel davon. Die entscheidende Frage ist deshalb, ob es gelingt, aus der spezifisch paulinischen Problematik Fragen herauszuarbeiten, die auch den heutigen Menschen bewegen. Man könnte sich ja vorstellen, daß Paulus gefragt worden sei: »Was meinst denn du eigentlich, wer du bist? Worauf kannst du dich für deine Missionstätigkeit berufen? Welche Legitimation kannst du vorweisen?« Unser Text wäre dann die Antwort, die Paulus gegeben hat. Nun werden solche Fragen aber nicht nur an einen Apostel gestellt. In der einen oder anderen Weise werden Menschen und Christen immer so gefragt, und fragen sich selbst auch so: »Wer bist du eigentlich? Was kannst du vorweisen? Worauf kannst du dich berufen?« Warum sollten nun nicht Grundlinien der Antwort des Paulus auch für uns Hilfen zur Antwort sein? Kernsatz der Antwort des Paulus ist sicher: »Nicht daß wir tüchtig sind von uns selber ...« (Vers 5 u. 6). Die Antwort auf die Frage, was er denn vorzuweisen habe, findet sich dann in der Darlegung über den tötenden Buchstaben und den lebendig machenden Geist.

Die Legitimation steckt in der Überhöhung des »alten« Amtes durch das »neue« Amt. Der Skopos für den Hörer von heute könnte lauten: Wir leben durch den Leben schaffenden Geist Gottes. Wir sind Kinder Gottes. Der Geist ist unsere Legitimation. Das gestattet eine Aufnahme der Reformationsfrage Luthers: »Wie kriege ich einen gnädigen Gott?« und der entsprechenden Antwort: »Allein durch Gnade.« Man könnte angesichts der Nähe zum Reformationstag sogar biographisches Material von Luther zur Konkretion beiziehen. Will man mehr auf seine Hörer eingehen, dann empfiehlt es sich allerdings weniger, die Frage nach dem gnädigen Gott zu stellen, als die Frage nach der eigenen Identität. Erlebnisse, wie sie Dietrich Bonhoeffer mit sich selbst hatte, sind den meisten bekannt. »Wer bin ich? Sie sagen mir oft, ich träte aus meiner Zelle gelassen und heiter und fest, wie ein Gutsherr aus seinem Schloß ... Bin ich das wirklich, was andere von mir sagen? Oder bin ich nur das, was ich selbst von mir weiß? ... Wer ich auch bin, Du kennst mich, Dein bin ich, o Gott.« (Widerstand u. Ergebung. [10]1951 München, S. 242f.). Zu der Unsicherheit, die hervorgerufen ist durch die Differenz von Selbst- und Fremdwahrnehmung, kommt in jüngerer Zeit die Verunsicherung durch abnehmende Traditionsleitung in unserer Gesellschaft. Immer weniger selbstverständlich sind der Platz und die Rolle, die der einzelne einnimmt. Verunsichernd wirkt auch die Entwicklung von Bürokratie, Technik und Informationsflut. All das läßt mehr denn je fragen: Wer bin ich? Wer kann ich sein? Wer möchte ich sein? Patentantworten auf diese modernen Fragen kann der Text natürlich nicht geben, aber es wird eine Richtung gewiesen: Nicht ich bin es, der eine zufriedenstellende (= Frieden gebende) Antwort finden und geben muß. Ich muß und kann mir die Antwort nur geben lassen. Die Antwort wird auch nicht so sein, daß ich sie schwarz auf weiß getrost mit mir nach Hause tragen könnte. Die Entgegensetzungen von Tinte und Geist, Stein und Fleisch sollten nicht übersehen werden. Die Antwort wird auch nicht im Bereich dessen liegen, was man schon immer als wichtig und richtig angesehen hat. Die protestantische Tradition legte z. B. die Identitätsfindung durch Berufstätigkeit nahe. Muß aber in unserer Zeit solch ein Ansatz nicht zu einem Dienst am tötenden Buchstaben werden, wenn die Voraussetzung nicht mehr gegeben ist, nämlich die Möglichkeit der Arbeit für alle? Es gibt auch andere »klassische« Formen, sich seiner Identität zu versichern, die nichts anderes sind als Dienst am Vergangenen: religiöse Erhebung, Werkgerechtigkeit usw. Die Identität, die der Geist Gottes gibt, hat eng zu tun mit Jesus von Nazareth. Wenn nach menschlicher Identität gefragt wird, muß man nach Jesu Bild fragen. Die Evangelien entwerfen ein solches Bild. Bei Paulustexten ist es oft notwendig, die Konkretion der Evangelien zuzuziehen. Die Herrlichkeit des Dienstes am Geist wird gerade in den Evangelien sehr schön dargestellt in den Texten, die zum Proprium dieses Sonntags gehören: Der Sabbat ist um des Menschen willen da und nicht umgekehrt. Gebote sind nur um der Herzen Härtigkeit willen notwendig. Der Segen Gottes soll nicht mehr von den Guttaten der Menschen abhängig gemacht werden (vgl. noachitischer Segen). In diesen Texten wird sichtbar: Es geht um den Menschen. Er allein hat Priorität. Und er hat nicht Priorität wegen seiner Leistungen, sondern weil Gott ihn liebt.

Vorschläge zur Liturgie

Zum Proprium des Sonntags wurde bereits einiges gesagt. Es geht um Freiheit und Kritik gegenüber dem Gesetz. Wenn dabei der Skopos die Identitätsproblematik sein soll, so empfiehlt es sich, als Lesungen nicht die sehr auf die Ehefrage zugeschnittenen altkirchlichen Perikopen zu nehmen, sondern die der vierten und fünften Reihe: 1. Kor. 7,29–31 und Mk. 2,23–28. Als Eingangswort schlage ich vor Psalm 121,1–6. Wenn es um die Frage geht »Wer bin ich?«, dann sind meditative Gebete am Platz. Mir sind Gebete von Peter Helbich (Gott wohnt nicht im blauen Himmel, GTB 208) in die Hände gefallen. Ich könnte mir vorstellen, daß sie sich in leicht veränderter Form eignen (wie ich es im folgenden versucht habe).

Sündenbekenntnis

Herr, verloren an mich selbst, umgetrieben von den Sehnsüchten meines Lebens, erschüttert von der Unruhe des Geistes, ergriffen von maßloser Gier. Herr, verworrene Gedanken, Jagd nach Glück, Versuche einer krampfhaften Selbsterlösung. Herr, gebrochen an Leib und Seele, gezeichnet von den Irrungen meiner Tage, so liege ich vor dir und rufe mit deiner Gemeinde: Herr, erbarme dich unser! (Helbich S. 13)

Gnadenwort

Glücklich ist der, der gelassen sein Leben und alles, was ihm lieb ist, in Gottes Hände legt; denn wie ein Heiliger wird er in einer von Sorge zerfressenen Welt leben. Ehre sei Gott in der Höhe! (Helbich S. 17)

Kollektengebet

Wort, das Fleisch geworden, ins Ohr der Menschheit dringt. Wort, das am Anfang war und zum Ziel alles verwandelt. Ergriffen und entmächtigt von ihm, nimmt es Gestalt in mir an. Das Wort, das aus dem Nichts alles ins Dasein rief, Erschaffenes trägt und erhält. Allein dein Wort ruft Leben und verbannt das dunkle Verhängnis meiner Gedanken, den Raubtierblick in meinen Augen, den Tigersprung des Zorns in meinem aufbrausenden Blut. Allein dein Wort bewahrt mich vor dem verderblichen Fluch meiner Maßlosigkeit. Es zeigt mir Anfang, Mitte und Ziel meiner Werke, Gedanken, Pläne und Hoffnungen. (Helbich S. 21 f.)

Fürbittengebet

Laßt uns bitten für alle Menschen, die sich quälen mit der Frage nach sich selbst: Für die jungen Leute, die ihren Platz in der Gesellschaft noch nicht gefunden haben, daß sie nicht verzweifeln und am Leben und ihren Mitmenschen irre werden; für die, die eine Krise durchleben und meinen, sie müßten alles wegwerfen und ganz von vorn beginnen; für die Kranken, Einsamen und Sterbenden, die sich selbst aufgegeben haben; für uns selbst, wenn wir nicht mehr weiter wissen. Wir bitten, Herr, um deinen Geist, daß wir nicht fixiert sind auf unsere Vorstellungen, auf die Erwartungen der anderen, auf das, was »man« tut, sondern Leben finden in dem, was du uns zeigst. Wir bitten, laß uns in unserem Bruder Jesus, in seinem Weg, in seinem Verhalten, den Weg erkennen, der auch für uns begehbar ist. Sein Bild male in unsere Herzen, dann werden wir wissen, welchen Weg wir gehen können.

Liedvorschläge
EKG 292,1+2+6+9 / EKG 288 / Singe Christenheit 760 / EKG 346,8

Vorschläge für die Predigt

Ich beginne diesmal ohne vorhergehende Textverlesung. Der erste Abschnitt der Predigt dient der Hinführung auf das Problem, das in dem Text angesprochen ist und mit Hilfe des Textes bedacht werden soll. Den Anfang könnte ich mir so vorstellen:

»Liebe Freunde (liebe Gemeinde)! Wenn ich im Auto fahre und das Radio angeschaltet habe, höre ich oft Textfetzen von Liedern aus der sog. neuen deutschen Welle. Recht oft geht es dabei um Ausdrücke von Suche, Suche nach dem Leben, Suche nach Sinn im Leben, nach Erfüllung. Ich erinnere mich an Sätze wie: ›Ich will leben, leben, leben‹ oder ›Ich will, was mir gefällt‹. Und dann wird in diesen Liedern eine Antwort gesucht. Wie kann ich abschütteln, was mich hindert, wirklich zu leben? Was muß ich tun, um zum wahren Leben zu kommen? Das sind Fragen, die junge Leute wohl schon immer bewegt haben, Fragen der Menschheit schlechthin. ... Neuerdings erlebe ich auch, daß solche Fragen – allerdings im anderen Gewand – in der sog. mittleren Generation auftauchen. Man nennt das midlife-crisis. Das ist die Zeit, wenn es im Beruf nicht mehr so recht weitergeht oder wenn die Kinder aus dem Haus sind. Dann kommt eine Pause ins Leben und viele fragen sich: Hab' ich denn nun schon alles gehabt? ... Ehescheidungen gehen auf solche Fragen zurück ... Fluchtbewegungen aller Art ...«

Ich würde solche Aufzählungen, Beispiele zusammenfassen mit dem Hinweis, daß es sich bei diesen Fragen und Phänomenen um die Suche nach der eigenen Identität als Mensch handelt und daß dahinter im Grunde Fragen stehen wie: Wer bin ich eigentlich? Was kann, will und soll ich mit meinem Leben? Was habe ich vorzuweisen? Hier könnte man andeuten, welche Gestalt solches Fragen zu Luthers Zeiten hatte: Wie kriege ich einen gnädigen Gott? = Wie schaffe ich es, daß Gott mit mir zufrieden ist? Wie schaffe ich es, daß ich mit mir selbst zufrieden (= im Frieden) bin? ...
»Vor diesem Hintergrund hören wir den heutigen Predigttext 2. Kor. 3,3–9. Wir müssen uns vorstellen, daß Paulus besonders hinsichtlich seines Auftretens als Apostel gefragt wurde: Wer bist du eigentlich? Was hast du vorzuweisen? Was berechtigt dich zu deinem Tun? Und Paulus antwortet: (Text)«
Hier wäre dann als Kernsatz herauszustreichen: Nicht, daß wir tüchtig wären aus uns selber ...
»Darauf war auch Martin Luther gekommen: Allein aus Gnade ... Wer wir sind, was unser Leben als Sinn hat, was uns zufrieden macht, das liegt nicht in unserer Hand, das können nicht wir zwingen. Wahres Leben, bleibenden Sinn, Mit-sich-im-Frieden-Sein, das kann einem eigentlich nur geschenkt werden. Wie

das? Paulus behauptet: Daß wir tüchtig sind, ist von Gott. Dietrich Bonhoeffer schrieb einmal: »Wenn man völlig darauf verzichtet hat, aus sich selbst etwas zu machen –– sei es einen Heiligen oder einen bekehrten Sünder oder einen Kirchenmann (eine sogenannte priesterliche Gestalt!), einen Gerechten oder Ungerechten, einen Kranken oder einen Gesunden –– und dies nenne ich Diesseitigkeit, nämlich in der Fülle der Aufgaben, Fragen, Erfolge und Mißerfolge, Erfahrungen und Ratlosigkeiten leben –– dann wirft man sich Gott ganz in die Arme, dann nimmt man nicht mehr die eignen Leiden, sondern das Leiden Gottes in der Welt ernst, dann wacht man mit Christus in Gethsemane, und ich denke, das ist Glaube, das ist ›Metanoia‹ (Umkehr); so wird man ein Mensch.« (WuE S. 248f.) Das ist der andere, der ganz andere Weg: Nicht ich will ..., ich muß ..., sondern: Ich lasse mir geben, was, wer und wie ich bin. Nicht die Suche in der Ferne, im Jenseits gar, sondern hier leben inmitten des Alltags und sich von daher wie der barmherzige Samariter die Aufgaben und den Sinn des Lebens schenken lassen ...«

Hier könnte man noch hinweisen auf die vielen Möglichkeiten der Sinnsuche in Religionen, Philosophien, Jugendkulten usw. ... In einem nächsten Schritt wäre zum Text zurückzukehren.

»Solches Sich-Einlassen auf das, was das Leben, der Alltag, die Mitmenschen von mir erfordern, das ist wohl das, was Paulus meint, wenn er vom Geist spricht. Der Gegensatz ist die Tinte, das Vor-geschriebene, die Steintafeln, der tötende Buchstabe. Wer auf seinen Vorstellungen, auf Festgeschriebenem beharrt, geht wie der Priester und Levit an dem Ausgeraubten vorbei. Der wird auch den Kranken am Sabbat nicht anrühren.« ...

Man könnte ein wenig mehr von Jesu Praxis erzählen an dieser Stelle. Dann brauchte man nur noch zu fragen: Was ist denn nun schöner: Daß einer seinen eigenen Weg zu gehen versucht und dabei nicht sieht, was alles am Wegesrand blüht, oder daß einer mit offenen Augen durch diese Welt geht? Worin liegt mehr Erfüllung? Paulus: ... wie sollte nicht vielmehr das Amt, das den Geist gibt, Herrlichkeit haben! ... Am Schluß der Predigt könnte die Aufforderung stehen:

»So gibt uns dieser Text in erster Linie Fragen auf. Er fragt uns, wo wir aus uns selbst etwas machen wollen, uns selbst etwas erdenken. Und er warnt uns, diesen Weg zu beschreiten. Er warnt uns auch vor den Denkmustern, vor dem, wie ›man‹ das denn machen muß. Er ermuntert uns unsererseits zum Fragen: Muß denn das immer so sein, z. B. daß man als Mann berufstätig und als Frau zu Hause sein muß und daß nur darin die Erfüllung des Lebens liegt? Muß denn jeder arbeiten? Ist man als Arbeitsloser wirklich weniger wert? Was auch immer uns drücken mag: Wir haben im Geist Gottes die Freiheit zu fragen und zu bezweifeln, ob die Lasten, die wir verspüren, zu Recht uns drücken. Gott will uns nicht als Sklaven, sondern als Freie. Das ist gewiß.«

Kontext

»Man lebt nie wirklich allein, nicht einmal in Gedanken. Man lebt in Ewigkeit mit, für, gegen, unter oder – als Autorität – über etwas anderem, mit Nächsten, Feinden, Herren, Brüdern, Tieren, Pflanzen, Dämonen, guten ›Engeln‹, Gott oder Satan. Man lebt also stets, und nochmals in Ewigkeit, zu einer Welt zugehörig und ihrem jeweiligen Herrscher. In Summa: Existenz ist Teilhabe und Teilgabe, sei es im Segen oder Fluch, im Gehorsam oder in Rebellion, in Lust und Leid, mannigfach, aber immer ›begabt‹, mannigfach, aber immer in gutem oder bösem Dienst.« (E. Käsemann, Kirchl. Konflikte, Bd. 1, Göttingen 1982, S. 11)

»Die Kirche ist nur Kirche, wenn sie für andere da ist. ... Sie muß den Menschen aller Berufe sagen, was ein Leben mit Christus ist, was es heißt, »für andere dazusein« ... Sie wird die Bedeutung des menschlichen ›Vorbildes‹ (das in der Menschheit Jesu seinen Ursprung hat und bei Paulus so wichtig ist!) nicht unterschätzen dürfen; nicht durch Begriffe, sondern durch ›Vorbild‹ bekommt ihr Wort Nachdruck und Kraft.« (D. Bonhoeffer, WuE S. 262)

Drittletzter Sonntag im Kirchenjahr

Predigttext: 1. Thessalonicher 5,1–6 (7–11)
Jürgen Fliege-Schüller

Theologisch-homiletische Skizze

Die katholischen Gemeinden haben Allerheiligen und Allerseelen gefeiert. Ihre Trauerarbeit liegt weitgehend hinter ihnen. Hier in der Diaspora am Niederrhein müssen unsere Familien, die im vergangenen Jahr einen Sterbefall hatten, noch warten. Ich will diese Spannung zwischen den verschiedenen konfessionellen Ritualen nutzen und auf den Totensonntag in zwei Wochen einstimmen. Den in diesen Wochen häufiger den Gottesdienst besuchenden betroffenen Familien schreibe ich wie in den vergangenen Jahren einen Brief (siehe Kontexte).
Die Menschen, die jetzt kommen, bringen ihr Thema mit. Und unser Text nimmt es auf, reagiert auf Menschen in den Gemeinden, die in jüngster Vergangenheit empfindsam, verletzlich geworden sind, offen für Freund und Feind, und so in Einsamkeit Schutz suchen. Mit dem, was sie erlebten, fliehen sie in die Nähe der Altäre. Stille, Sammlung, Trost, Kraft, Orientierung, Sinn, neuen Anfang suchen sie wohl: eine verstehende Nähe, die sie akzeptiert und ihnen andre akzeptieren hilft.
Im Gottesdienst will ich solchen Menschen nahe sein, sie behutsam, aber nicht einschläfernd stärken, aufbauen, um ihre Sinne zu wecken. Nähe und Verstandenwerden sollen als Trost erfahren werden, der Menschen hilft, bei Trost zu bleiben.
Ich will trösten. Vielleicht kann ich helfen, getröstete Menschen wieder aufnahmefähiger zu machen, wacher. Dazu hat mich der Text gebracht. Politisches soll nachstehen, wie im Text. Vielleicht gelingt es, allgemein politisch Beobachtetes auf dem Hintergrund konkreter individueller Erfahrung zu verstehen. Gegen ein individuelles und politisches »Augen zu und durch«, abgesichert durch Rituale und Sedativa, durch Verdrängung und Behauptung (Friede und ist kein Friede), setze ich: Augen auf! Wachet und betet!
Der exegetische Skopus des Textes wird, vordergründig gesehen, für meine Predigt nicht tonangebend. Dennoch scheinen sich mir Motive der Situation meiner Gemeinde, an die ich anknüpfen möchte, und der paulinischen Gemeindesituation in dem gleichen Wurzelboden zu treffen, dem auch die Eschatologie der Perikope entstammt. Zu ihm suche ich vorzustoßen.
Die Stille, die die Trauernden und Mittrauernden brauchen, soll der ganze Gottesdienst ausstrahlen. Die Holzkanzel bleibt in der Sakristei. Ich setzte mich unter das große Holzkreuz auf einen einfachen Stuhl. Im Sitzen kann ich empfindsamer, langsamer und leiser sprechen als von der Kanzel herab. Meine Kanzel verführt mich oft zum Herrschen. Keine Wacht-auf!-Wacht-auf!-Trompetenlieder! Ich werde auch ein paar neue geistliche Lieder mitbringen, die entweder solo zur Gitarre vorgetragen oder von allen nach kurzem Ansingen gemeinsam gesungen werden.
Die Lesung werde ich als Predigtlesung wiederholen. Sie ist nicht lang. Und beten werde

ich frei. Die Bilder und Eindrücke, die ich mir während des Gottesdienstes selber predige, will ich vor Gott bringen, so wie das hier abgedruckte Gebet meine Empfindung nach der Predigtarbeit wiedergibt.

Ein Gebet

Vater im Himmel,
wie kleine Kinder
am Mantel der Mutter,
so halt ich mich fest bei Dir!
Ich hab Dich oft gefragt,
wie es sein wird,
wenn Du kommst.
Und ein schlechtes Gewissen
wechselt mit einem großen Gefühl
unendlicher Erleichterung.

Vater im Himmel,
wie die Kinder nicht nachlassen,
so frag ich Dich:
Und wird der Tag bald kommen,
wo ich deutlich spüre,
daß Du Dich mir zuwendest
und mit mir redest,
und ich weiß Bescheid?
Erstick meine Fragen nicht.
Laß sie nicht aufgehn in meinem Alltag,
in meinen Trott.
Ich bin Dir selten nah
wie jetzt.
Wann kommt der Tag?
Wann kommt Dein Reich?

Predigtskizze

Ich bin zwar weitergezogen, von den Gräbern Eurer Lieben weg, doch die Fragen, die Euch in jenen Tagen und Wochen schier den Verstand rauben wollten, die Euch beten ließen in aller Stille, die Euch Eure Kraft nahmen und die wir uns nur vorsichtig zu stellen wagten, die trage ich weiter mit mir:
»Sag mir, warum? Und sag mir: Werde ich ihn wiedersehen, und wie und wann wird es sein? Warum? Wie? Wann?« Und immer wieder: »Wie und warum, und wann wird es sein?«
Das ist zwar schon einige Zeit her, aber je regelmäßiger man das Grab besucht

und stille vor ihm steht und mit sich und seiner kleinen Welt allein ist, kommen die Fragen wieder. Unbeantwortet sind sie geblieben: Ich weiß nicht, wie es weitergehen soll. Einsamkeit zieht mit dem späten Herbst herauf und will es endlich wissen. Der Schmerz will wissen, wie lange noch! Und je einsamer, je unbewältigter, je weniger akzeptiert, um so deutlicher die Frage: Wie lange noch geht das so weiter, wie lange noch das »Jammertal«? Und das Interesse wird riesengroß, endlich einen Termin, ein Ende zu erfahren, das Neue zu sehen, um das Alte abzulegen. Häutungen!

Fragen wie in einem Krankenhaus: Wie lange noch, Herr Doktor? Wann werd' ich entlassen?

Mit solchen tiefen Fragen, intimen Interessen ist man oft allein (Sölle: die drei Dimensionen des Leidens: Körperlich, seelisch, sozial). Es gehört zum Leiden dazu, daß Fragen nach oben kommen und auf Antwort hoffen, die allein gefunden werden müssen. Gottgewollt?

Zinktext: Ich bin mir bewußt, daß kein Wort eines anderen Menschen wirklich an Ihr Ohr dringen wird, geschweige in Ihr Herz. Gott scheint gewollt zu haben, daß der Leidende allein sei, allein mit seinem Leid und mit ihm, der es ihm auferlegt hat.

Die wichtigsten Fragen werden jetzt eher mit den Verstorbenen besprochen als mit den Lebenden. So empfindsam, so verletzlich kann man werden, daß man Welten vertauscht in dieser Zeit.

Wer so an seiner Welt leidet, betet eine Stelle im Vater-Unser auf einmal anders. Mit mehr Tiefgang, mehr Assoziation: »Dein Reich komme!« Ich brauche Erlösung! Kein Mensch kann mir helfen. Dein Reich komme, daß die Täler ein Ende nehmen! Dein Reich komme, daß das ständige Auf und Ab geebnet werde! Dein Reich komme, daß das Aufderstelletreten ein Ende hat!

Wer einer solchen Erschütterung noch tiefer entsprechen kann, betet sogar wie Johannes, der Seher, Träumer, Kämpfer, Verlierer, Gewinner von Patmos: Ja, Herr Jesu, komme bald! Da hat man mehr erlebt als den physischen Tod, und die Scheu ist verflogen, solche Worte über Herz und Lippen gehen zu lassen, die man vielleicht unter unsagbarem Leid gedacht, aber nie gesagt hat. Worte haben eben ihre magische Qualität behalten. Doch jetzt kommt es: Ja, Herr Jesu, komme bald! Ich kann nicht mehr. Hörst Du mich?

Fußspuren im Sand

Ich träumte eines Nachts,
ich ging am Meer entlang mit meinem Herrn.
Und es entstand vor meinen Augen,
Streiflichtern gleich,
mein Leben.
Für jeden Abschnitt, wie mir schien,
entdeckte ich je zwei Paar Schritte im Sand;

die einen gehörten mir,
die anderen meinem Herrn.

Als dann das letzte Bild
an uns vorbeigeglitten war,
sah ich zurück und stellte fest,
daß viele Male nur ein Paar Schritte
in dem Sand zu sehen war.
Sie zeichneten die Phasen meines Lebens,
die mir am schwersten waren.

Das machte mich verwirrt,
und fragend wandte ich mich an den Herrn:
»Als ich dir damals alles, was ich hatte,
übergab, um dir zu folgen,
da sagtest du,
du würdest immer bei mir sein.
Doch in den tiefsten Nöten meines Lebens
seh' ich nur ein Paar Spuren hier im Sand.
Warum verließest du mich denn gerade dann,
als ich dich so verzweifelt brauchte?«

Der Herr nahm meine Hand und sagte:
»Geliebtes Kind, nie ließ ich dich allein,
schon gar nicht in den Zeiten,
da du littest und angefochten warst.
Wo du nur ein Paar Spuren hier im Sand erkennst,
da trug ich dich auf meinen Schultern.«
(Verfasser unbekannt)

Und alle, alle Aufmerksamkeit ist auf die Zeichen gerichtet, die solche Zukunft mit sich bringt. Spuren von der Zukunft des Reiches, wie es Spuren vergangener Reiche zu lesen gibt, für den, der es versteht, so auch Spuren der Zukunft, wie Vögel, die den Tag ansagen.
Und Nächte ohne Schlaf gehen vorbei, voller Anspannung, was passieren wird, so wie ich als Junge in der Not nach Zeichen und Omen suche. So einer findet keinen Schlaf.
Was die Leidtragenden eint, ist ihre Schlaflosigkeit und die darin gesprochene Bitte: Dein Reich komme! oder: Ja, Herr, komme bald! Solches Leben wird heimlich geführt. Auch abseits von unseren Gemeinden, Ritualen, Traditionen. Die Angst, darin nicht verstanden und einsam zu werden, isoliert. Wer baut schon auf einen Paulus, der das Reich Gottes nicht in Essen und Trinken, son-

dern in Frieden und Gerechtigkeit erwartet? Schlaraffenland gegen Gottes Land!
Wer nicht leidet, selbst, am eigenen Leib, oder mitleidet am Leib der Familie, der Gemeinde oder seines ganzen Volkes und der Welt, wie will der denn beten: Dein Reich komme!? – Der wird doch eher in bürgerlicher Freiheit ebenso bürgerlich frei übersetzen:
»Ja, Herr Jesu, komme bald, aber warte noch ein Weilchen, bis ich das Korn aus dem Neuen Testament eingefahren habe. Gut, mein Gott, wer wüßte nicht, daß die Welt, wie sie ist, mit Öko, Atom und Pille am Ende ist?«
Erich Fried: Wer will, daß die Welt so bleibt, wie sie ist, der will nicht, daß sie so bleibt, wie sie ist!
Aber all die Menetekel an der Wand, die Zeichen, die Omen, die kaum andere Deutungen zulassen als Zukunftslosigkeit des sog. Fortschritts, die will, die kann ich nicht wahrnehmen; denn sie liegen nicht in meinem Interesse. Mein Interesse an einem Herrn Jesus, der, bitteschön, noch ein warte, warte nur ein Weilchen auf sich warten läßt, bis das große Spiel auch für mich gemacht ist, schlägt mich mit Blindheit. Ich will gar nicht, daß er kommt. Also sehe ich die Zeichen nicht. Also falte ich die Hände zwar, aber über den Bauch! Und also schlaf' ich des Nachts wie der reiche Bauer und setz' keine Kerze ans Fenster und warte nicht auf den verlorenen Vater.
Und wenn meine Interessenlosigkeit am Reiche Gottes nicht reicht, mein Gewissen und meine Angst zu betäuben, dann helfe ich industriell nach mit Drogen und religiös mit Riten und psychisch mit Verdrängung und politisch mit Wortbesetzung und Verdrehung:
»Frieden und ist kein Frieden«. Wechsle während der ungewollten Schwangerschaft – daß einem das Leben immer wieder dazwischenkommt! – einfach die Kleider. Zwar schiebe ich damit nicht die Geburt heraus, wohl aber das Bekenntnis. Und jetzt die Kreissaalsachen zu packen, hieße, alles zu verraten, und der Flirt mit dem Sensemann wäre am Tage. Also: Laßt uns essen und trinken ...
Doch ein voller Bauch braucht einen langen Schlaf, und der lockt die Diebe.
In solcher Lug-und-Trug-und-Verdrängungswelt, die am Ende nicht einmal mehr fliehen kann, kann ich heute schon nicht mehr atmen. Ehrliche Tränen bekommen mir besser als geschäftiges Lachen. Trauer mehr als Hektik.
Deshalb war ich gern in dieser schwierigen Zeit in Ihrer Nähe, liebe Familien. Und ich weiß, daß Sie wachgeblieben sind über den tiefen Fragen Ihres Lebens: Werd' ich ihn je wiedersehen, und wann wird es sein, wenn? Diese Fragen und die Bitte des Vaterunsers sind aus einem Holz. Und Sie mit der Zeit, die Wunden heilt, zu vertrösten, mit falschen Antworten und Spekulationen, hieße nur auf die Seite der Verdränger und Vertröster zu wechseln. Ich will Sie eher bestärken in Ihren Fragen und in ihrem Drängen. Denn es sind Fragen an unsern Gott. Ich möchte dabei helfen, sie ihm vorzutragen.
Laßt uns darin nicht nachlassen. Denn mit dem Leid, das wir tragen, und der

Bitte, die wir wagen, sind wir empfindsamer und wacher und ehrlicher als manches auf der Welt. Wir sind damit Kinder des Tages, Kinder des Lichts, das mitten in der Nacht flackert, aber leuchtet!

Kontexte

1. Gemeindebrief: Ein paar Schritte an Ihrer Seite ...

Mit vielen von Ihnen sind wir im vergangenen Jahr ein paar Schritte gegangen. Ein paar Schritte an Ihrer Seite, als ein Mensch, den Sie liebhatten und der ein Stück Ihres eigenen Lebens geworden war, von Ihnen ging. Ein paar Schritte, und unsere Worte konnten Sie kaum erreichen. Gott scheint gewollt zu haben, daß der Leidende allein ist und daß es uns vorbehalten bleibt, Sie möglichst behutsam vor allen Erwartungen zu schützen, damit Sie Zeit hatten und haben, alles verstehen und verarbeiten zu können.

In den letzten Novembertagen wollen wir uns noch einmal sehen. Ich möchte Sie einladen, im Gottesdienst am ... zusammen mit der ganzen Christenheit unserer Verstorbenen zu gedenken.

2. Zink: Ein paar Schritte

Es ist schon eine Reihe von Tagen her, seit Sie am offenen Grab gestanden haben. Die vielen teilnehmenden Menschen sind an Ihnen vorbeigegangen, es wird einsam um Sie. Ich sehe Sie allein wie im Nebel eines einsamen Weges und möchte ein paar Schritte mit Ihnen gehen. Ich bin mir bewußt, daß kein Wort eines anderen Menschen wirklich an Ihr Ohr dringen wird, geschweige in Ihr Herz. Gott scheint gewollt zu haben, daß der Leidende allein sei, allein mit seinem Leid und mit ihm, der es ihm auferlegt hat.

Ich kann Sie nicht aus Ihrem Leid erlösen. Ich nicht und niemand. Aber ich möchte ein wenig neben Ihnen hergehen, und vielleicht spüren Sie meinen Worten an, woher sie kommen. Sie werden noch lange allein sein mit Ihrem Verlust, und die Nähe der Freunde wird wohl kaum mehr tun können, als Ihre Einsamkeit behutsam zu schützen. Vielleicht auch hilft sie Ihnen, nicht Ihre Kraft damit zu verbrauchen, daß sie sich »zusammennehmen«, wie man sagt. Als Jesus an das Grab eines Freundes trat, weinte er vor den Augen des ganzen Dorfs. Nur wer nichts liebt, wird ohne Tränen auskommen.

Ihr Schmerz wird auch nicht nachlassen, nicht so bald jedenfalls. Er wird gehen und wiederkommen, wie er will. Sie werden ihm ausgeliefert sein und ihn erleiden, und vielleicht wird er eines Tages wie ein unauffälliger Gast bei Ihnen wohnen, bis er sich – und das wird wohl erst an Ihrem letzten Tag sein – von Ihnen trennen wird.

Und wenn ich Ihnen nun doch ein wenig Licht zeigen, ein wenig von Gott, dem Liebenden, sagen möchte, dann kann ich da so wenig beweisen wie ein anderer Mensch. Ich glaube Gott. Ich glaube das Licht. Und ich glaube, daß wir getragen sind. Das ist alles. Nein, manches weiß ich auch. Ich habe zum Beispiel erfahren, was aus einem Menschen werden kann, der in seinem Leid zu glauben beginnt oder zu glauben nicht aufhört. Denn das hörte ich oft, gerade von Menschen, die durch eine jahrelange Hölle der Schmerzen gegangen waren, sie fühlten sich nun stärker, gelassener, ja heiterer als in all den glücklicheren Jahren zuvor. Etwas wie Wachstum sei in ihnen geschehen, etwas sei gereift, nicht für die Zeit auf dieser Erde allein, sondern auf die andere Welt, auf Gott hin. Offenbar ist es dies: Das Wunder eines neuen Anfangs, das dem Schmerz die Bitterkeit nimmt.

Das brauche ich nicht zu glauben. Ich weiß es: In einem Menschen, der sich seiner Trauer aussetzt, geschieht etwas wie eine Verwandlung. Das Bild, das Gott vor Augen hatte, als er ihn schuf, zeichnet sich ab, vollendet sich. Am Ende sieht der Leidende weiter und dringt tiefer und ist sich seines Weges und Ziels bewußter. Am Ende leidet er immer noch und weiß sich dennoch behütet.
(Ein paar Schritte an ihrer Seite, Stuttgart [4]1982)

Vorletzter Sonntag im Kirchenjahr

Predigttext: 2. Korinther 5,1–10
Oda-Gebbine Holze

Theologisch-homiletische Skizze

1. Der Text im Kontext des Sonntags

Der vorletzte Sonntag des Kirchenjahres wird in vielen Gemeinden immer noch vom Kasus ›Volkstrauertag‹ geprägt. In den letzten Jahren wird er, an diese Tradition anknüpfend, zunehmend als Friedenssonntag begangen. Wer einen Predigttext zu diesen Themen sucht, sollte sich getrost einem anderen als dem hier bearbeiteten zuwenden. 2. Kor. 5,1–10 kann nur mit Gewaltanwendung auf das Thema ›Vergangenheitsbewältigung‹ und ›Frieden‹ hin ausgelegt werden – es sei denn, man legte Vers 10 konsequent kollektiv aus: Wir müssen *alle* offenbar werden vor dem Richterstuhl Christi.

2. Der Text und seine Bilder

Der Text entfaltet die Auferstehungshoffnung des Paulus und enthält ›Kernsätze‹ des Christenglaubens, die den meisten Gottesdienstbesuchern vermutlich von Beerdigungen her bekannt sein dürften: Vers 1, Vers 7, Vers 10. Zwischen diesen Kernsätzen ist ein Gedankengang entfaltet, der auch nach intensiver Bemühung um den Text nahezu unverständlich bleibt. Die ›Gute Nachricht‹ hat daraus die m. E. einzig richtige Konsequenz gezogen und den Text sehr frei, an einer Stelle – Vers 4 – bewußt abweichend vom Urtext, übertragen. So wird der Gedankengang logisch verständlich. Die Verständnisschwierigkeit rührt daher, daß Paulus sich zweier miteinander konkurrierender Bilder bedient – beide in der antiken Umwelt und auch bei uns geläufig – um seine Auferstehungshoffnung auszudrücken. Einmal ist das das Bild von den Behausungen: Zeltwohnung oder Hütte und himmlisches Haus, Vers 1+2a. Zu diesem anthropologischen Urbild paßt inhaltlich gut die Vorstellung vom Leben als einem Unterwegssein in der Fremde. Sowohl Wanderschaft als auch Zeltwohnung beschreiben die Vorläufigkeit dieses Lebens.

Mit diesen Vorstellungen konkurriert das Bild von der Bekleidung mit einem himmlischen Gewand als Bild für die neue Existenz bei Gott, auf die wir zugehen. In Vers 2 gehen beide Bilder unmittelbar ineinander über: »... wir sehnen uns danach, mit der himmlischen Wohnung überkleidet zu werden.« Zu dieser Vorstellung von der Bekleidung mit einem himmlischen Gewand gehört inhaltlich die des Nacktseins und auch der Gedanke von Vers 10: Wir müssen offenbar werden ... Das heißt, es wird sich zeigen, wer wir sind und in unserem Leben waren. So wenig ein Nackter etwas verbergen kann, so wenig wir vor dem Angesicht Christi.

Die Verknüpfung von Bekleidung, Nacktheit und Offenbarwerden ist im Text nicht so stringent, wie ich es jetzt dargestellt habe: In Vers 2+3 gebraucht Paulus das Ausgezogensein im Blick auf das Ablegen des irdischen Leibes und grenzt sich wohl gegen die griechische Vorstellung von der körperlosen Existenz der Seele nach dem Tod ab. Ich meine aber, man sollte die Predigt nicht mit der Erörterung dieser antiken Vorstellungen belasten, so aktuell die Frage nach dem Ob und Wie eines Lebens nach dem Tod für viele Zeitgenossen auch sein mag. Die Aussagen des Textes sind an dieser Stelle zu widerspruchsvoll, um als Schwerpunkt-Skopus für die Predigt dienen zu können. Es wäre ein Nebengleis. Als Hauptlinien bleiben die beiden miteinander konkurrierenden Vorstellungen Zelt – Haus und Nacktsein – Offenbarwerden. Es wird lohnen, aufzuspüren, in welchem Zusammenhang die Bilder miteinander stehen.

3. Struktur

Der Text hat folgende Struktur (übernommen von E. Schweizer):
A. 5,1–5: nachträgliche Begründung für die Entfaltung der Auferstehungshoffnung in 4,7–18. Diese Begründung erfolgt in drei Schritten.
a. Das Kommende ist dem Irdischen überlegen (Vers 1).
b. Deshalb sehnen wir uns im Jetzt nach dem Kommenden und warten auf das Leben, das unsere Sterblichkeit überwindet.
c. Ein Vorgeschmack dieses Lebens ist uns von Gott selbst im Geist gegeben. Darin sind das Jetzt und das Kommende miteinander verbunden.
B. 5,6–10: Folgerungen, wieder entfaltet in drei Schritten.
a) Die Vorläufigkeit des Lebens schafft Zuversicht; das Leben ›in der Fremde‹ wird ein Ende haben; ein Zuhause bei Gott ist verheißen.
b) Das Jetzt ist aber noch ein Leben im Glauben, nicht in dem vom Glauben schon Geschauten.
c) Das Jetzt und das Kommende sind miteinander verbunden im Ausblick auf das Offenbarwerden-Müssen vor dem Richterstuhl Christi.
Diese Textstruktur zeigt einen parallelen Aufbau von A und B; die beiden Teile entsprechen einander. Der formalen Entsprechung in der Textstruktur entspricht aber nur bedingt eine inhaltliche: Vers 10, der Hinweis auf das Gericht, bringt einen Akzent in den Text, der in den Versen 1–8 noch nicht angelegt war, nämlich die Frage nach der ethischen Qualität des irdischen Lebens, die sich am Ende wird zeigen müssen. Paulus will offenbar ein mögliches Mißverständnis abwehren: Man könnte aus Vers 1–8 herauslesen, daß dieses jetzige Leben ganz unwichtig ist. Dem ist nicht so: *hier* entscheidet sich, was dort offenbar werden wird (vgl. auch das Evangelium des Sonntags!).
Trotzdem bleibt der Wechsel von Seinsaussagen (Zelt, Haus, Wanderung) zu ethischen Aussagen (Richterstuhl, Lohn, Gut und Böse) abrupt und in der Predigt schwer nachvollziehbar.

4. Die Aussagen des Textes

Nicht Todessehnsucht – dazu ist Paulus nicht der Mann –, wohl aber Auferstehungssehnsucht bringt Paulus hier in immer neuen Wendungen zum Ausdruck. »Der unbehauste Mensch«, könnte man überschreiben, was Paulus über dieses Leben zu sagen hat. Es ist eine Zeit des Seufzens, der Bedrückung, der Sehnsucht, der Daseinsfristung in einer unvollkommenen, nicht wirklich bergenden Behausung. So kann dieses Leben nur einem erscheinen, der von einem Gegenüber zu diesem Leben etwas weiß; erst durch das Wissen von einem Endgültigen und Vollkommenen wird dieses Leben zum Unbehausten und Vorläufigen, zum Wandern in der Fremde.
Paulus leitet aus der Vorausschau des Kommenden im Glauben die Zuversicht ab, die

den Aufenthalt ›fern vom Herrn‹ erträglich machen kann. Aber wehe dem, der daraus ableitet, die Wanderschaft hier wäre nur ein Totschlagen der Zeit, zweitrangig und inhaltslos! Sie ist vielmehr Zeit der Bewährung (Vers 9: »... dem Herrn gefallen!«), für Paulus und die anderen Apostel in einem ganz speziellen Sinn Arbeitszeit: Vers 11 nennt diese Arbeit beim Namen: Menschen davon überzeugen, daß der Herr zu fürchten ist.
In den Kategorien von Gesetz und Evangelium, Zuspruch und Anspruch: Auch Christen leben im Vorgriff auf die himmlische Herrlichkeit noch nicht auf einer Insel der Seligen. Christus, dessen unvergängliches Leben uns zuteil werden soll (4,10), ist zugleich der, der uns danach fragen wird, ob denn unser irdisches Leben der himmlischen Behausung schon angemessen war. Wenn man das Bild von der Behausung auf Vers 10 hin zu Ende denkt, muß man sagen: Die himmlische Behausung ist uns wohl gewiß; aber sie wird zunächst einmal Ähnlichkeit mit einem Gerichtssaal haben.
Man möchte wohl sagen: Ach, wenn das so ist, dann lieber nicht! Aber es gibt kein Entrinnen: wir müssen *alle* offenbar werden, jeder einzelne, aber auch die Kirche insgesamt. Ist das noch Evangelium? Ist das nicht am Ende das pure Gesetz? Ich denke, die Rechtfertigung des Sünders wird heute weithin so mißverstanden, daß aus ihr eine *blinde Annahme* gemacht wird: ›Ich bin o. k. – du bist o. k.‹ Dabei wird nicht nur der Ernst des Gesetzes, sondern auch der des Evangeliums verspielt. Wir kommen um die Offenlegung nicht herum. Rechtfertigung bedeutet, daß das *Recht* wirklich gesprochen und ein Urteil ausgefertigt wird. Wir werden uns nicht verstecken können, und dies wird das Gericht sein, daß wir Rede und Antwort stehen müssen. Das allein kann einem wohl den Angstschweiß auf die Stirn treiben; da braucht es keine Vorstellung von Höllenstrafen mehr. Diese *Offenlegung* ist das Gericht, und vor diesem Richter wird es keine Ausreden und Selbstentschuldigungen geben. Im Gegensatz zur körperlichen ist die Nacktheit der Seele schwer auszuhalten.
Und doch trifft auch dieses Offenbarwerden-Müssen auf eine Sehnsucht bei uns und nicht nur auf Angst. Vielleicht ist es die Sehnsucht nach Reinheit: reinen Tisch machen, reinen Wein einschenken, mit Gott ins reine kommen, neu anfangen können ohne die ewige Behinderung durch Verpfuschtes, das Alte abstreifen wie ein altes Kleid, so sein können, wie man eigentlich sein wollte und sollte; nach dem Gericht neu und anders anfangen und *bleiben* können in dem nicht von Händen gemachten Gottes-Haus. Das Gericht ist auch eine innere Notwendigkeit. Ein ewiges Leben ohne Gericht ist nicht denkbar. Wir wollen uns verantworten. Ohne diese Verantwortung, ein schöpfungsmäßig in uns angelegtes Antworten-Müssen, könnten wir uns selbst als Menschen nicht ernst nehmen und wären auch von Gott nicht ernst genommen. Natürlich hoffen wir auf Begnadigung im Gericht. Aber wir haben sie nicht von vornherein in der Tasche. Das Ausmaß der Gnade, die uns zuteil wird, weil Christus am Kreuz genug für uns alle getan hat, wird erst sichtbar, wenn auch die Schuld aufgedeckt wird.

5. Der Text und seine heutigen Hörer

Der Text ist heutigen Hörern nah und fern zugleich.
a) Die Diskussion über Sterben und Leben nach dem Tod, die ausgelöst wurde durch Kübler-Ross, Wiesenhütter und J. C. Hampe – um nur einige Autoren zu nennen –, hat aufgedeckt, daß die Fragen nach Tod und Leben danach auf ein brennendes Interesse stoßen, gerade bei Jugendlichen. Auch die Parapsychologie hat erheblich von diesem Interesse profitiert. Menschen glauben heute wieder ganz ungebrochen an ein Leben nach

dem Tod, aber nicht im biblisch-christlichen Sinn, sondern in unbewußter Anlehnung an griechisches Gedankengut. Es ist für viele völlig selbstverständlich, daß die Seele unsterblich ist und den Leib als sterbliche Hülle im Tod verläßt. Viele Sterbeerfahrungen von Menschen, die allenthalben in Illustrierten zu lesen waren, geben diesem Glauben Nahrung, und es wird dabei meist übersehen, daß es sich dabei um keine Berichte aus dem Jenseits handelt, sondern daß die Betroffenen durchaus noch in unserem Diesseits waren. Vor zehn Jahren wäre eine solche Renaissance eines Jenseits-Glaubens undenkbar gewesen. Es ist aber zu bezweifeln, daß dieser Glaube es leichter macht, Paulus zu verstehen.

b) Das Reden vom Gericht ist in den letzten 20 Jahren aus der kirchlichen Predigt fast völlig verschwunden. Man wollte weg vom Gottesbild des obersten Weltpolizisten, weg vom angstmachenden, oft kirchlich mißbrauchten Drohen mit dem Gericht. Besonders Beerdigungspredigten – auch meine eigenen – sind Zeugnisse für die Verlegenheit der Prediger an diesem Punkt: das Gericht erscheint nur in liturgischen Formeln (»Er sei ihm gnädig im Gericht und helfe ihm aus zu seinem ewigen Reich«). Wir haben weithin die blinde Annahme und einen blind und automatisch – damit aber auch unlebendig – liebenden Gott gepredigt. Dadurch u. a. ist christliche Predigt gelegentlich einfach zahnlos geworden. Soll nun auch hier die überall zu beobachtende Wende eingeläutet werden? Davon bin ich weit entfernt. Wir müssen wissen, was wir tun und warum wir es tun. Es kann aber wohl kein Zweifel sein, daß wir heute einen klareren Blick dafür haben, wie sich Gottes Gericht vollzieht: nicht lautstark am Ende der Zeiten, sondern eher lautlos hier und heute, spürbar für alle. Ein stilles Gericht z. B. über unsere Sünden an der Schöpfung, an der kommenden Generation, an der schon vorhandenen der Kinder und Jugendlichen, an Menschen der Dritten Welt ... Unser Blick dafür, daß alles Tun Preise und Folgen hat, also auch unser Leben insgesamt, ist geschärft. Möglicherweise wird die Predigt von der Rechtfertigung des Sünders wahrhaftiger und bodenständiger, wenn wir das Gericht Christi ernst nehmen.

c) Der Text ist aber auch fern: die Lebensverneinung des Apostels ist für ihn aus der Naherwartung der Parusie heraus verständlich und akzeptabel; für heutige Zeitgenossen ist sie das nicht. Die meisten Menschen seufzen nicht, sondern sie sind ausgehungert nach Leben, und zwar nach einem gelungenen irdischen Leben, und das bis ins hohe Alter hinein. Das Leben ist ein Wert an sich, und gerade aus der Liebe zum Leben heraus erfolgt ethisches Handeln (ÖKO-PAX-Bewegung!). Liebe zu Gott und Liebe zu diesem Leben als Gabe des Schöpfers bedingen einander und gehören zusammen. Darum muß heutigen Menschen – ich schließe mich ein – die Sehnsucht des Paulus fremd sein: Wir haben heute nicht das Gefühl, wir wären in diesem Leben in der Fremde und fern vom Herrn (Vers 6). Wir fangen gerade an, seine Gegenwart in der Welt wieder zu entdecken. Uns quält eher, daß so viel ungelebtes Leben unter uns nicht zum Zuge kommt, daß so viele lebenhindernde Lähmungen da sind. Und wir können uns sehr wohl vorstellen, daß wir vor dem Richter Christus Rechenschaft darüber geben müssen, warum wir nicht mehr Menschen mehr Freude an ihrem Leben ermöglicht haben. Und doch gibt es eine geheime Verbindung zwischen unserer Liebe zum Leben und unserer Sehnsucht nach Leben in Fülle hier und jetzt und der paulinischen Zuversicht, die aus der Auferstehungshoffnung kommt: Die Gewißheit, den Rücken nach vorn hin frei zu haben, von einer Liebe umgeben und herausgefordert zu sein, die uns auch im Tod nicht heimatlos lassen wird, macht nicht weltflüchtig, sondern weltzugewandt, weil wir lernen können, die Welt mit Gottes Augen zu sehen. Da werden ganz andere Dinge wichtig als die Accessoirs, mit denen man das Leben ausstattet. Einfaches wird wichtiger und schöner. Die Wunder der Schöpfung werden großartiger als die Glanzleistungen der Technik.

Vorschläge zur Liturgie

Epistel

Römer 8,18–23 paßt ausgezeichnet. Denkbar ist aber auch Offenbarung 21,1–5: das neue Jerusalem.

Evangelium

Mt. 25,31–46. Alternative: Lukas 15,11–32 (Verlorener Sohn).

Lieder

190,1–4; 195; 166; 123. Aus dem Kirchentagsliederheft '83 »Umkehr zum Leben« sind möglich: Nr. 709 Jesus Christus, das Leben der Welt; 727 Wir sind mitten im Leben zum Sterben bestimmt; 728 Hilf, Herr meines Lebens; 606 Wo und wann fängt das Leben wirklich an? (Kanon).

Gebete

Eingangsgebet

Herr, Gott, im Lichte Jesu, deines Sohnes, sehen wir die Sünde dieser Welt; seit er gekommen ist, um für uns deine Barmherzigkeit zu sein, ermessen wir, wie hart und gnadenlos wir miteinander leben. Wir bitten dich: Erneuere uns nach seinem Beispiel, auf ihn hin; daß wir nicht länger Böses mit Bösem vergelten, sondern Frieden stiften und die Wahrheit tun heute und alle Tage, die wir noch leben dürfen.

Oder:

Herr, du leugnest und verkleinerst unsere Sünde nicht. Du vergibst uns, und das ist deine Wahrheit, so tust du uns recht. Wir können nicht weiter mit unserer Schuld, weil du uns nicht verurteilt hast; wir wagen wieder von neuem zu beginnen, weil du uns annimmst, wie wir sind. Wir danken dir für die Lebensmöglichkeiten aus deiner Hand und bitten dich: Bewahre uns davor, das Leben zu verfehlen. (Nach Huub Oosterhuis, Ganz nah ist dein Wort. S. 163, S. 167)

Fürbitte

Herr Jesus Christus – Es gehört zu unserer menschlichen Würde, daß du uns als Richter begegnen wirst. Wir sind dir nicht gleichgültig; unter Schmerzen gehst du uns nach und klagst die Frucht unseres Lebens von uns ein. Unausweichlich sind wir an dich gewiesen. So bitten wir dich denn: Richte uns, aber verwirf uns nicht. Wir haben keine andere Zuflucht als dein unergründliches Erbarmen.

Gemeinde: Kyrie eleison (gesungen in einer der modernen Weisen von Peter Janssens oder aus Taizé)
Herr, wir bitten für Menschen, denen das Ende ihres Lebens vor Augen steht: daß sie nicht verzweifeln, aber auch nicht unwahrhaftig ihrem Leben gegenüber sind. Gib ihnen Kraft zur Selbstprüfung und schenke ein getrostes Gewissen, das auf dich vertraut.
Gemeinde: Kyrie eleison
Wir bitten für Menschen, denen ihr Leben gleichgültig geworden ist, die Erstarrten, die innerlich Gelähmten, die Lebensmüden: Wecke in ihnen Lebenskraft durch deinen Geist. Zeige ihnen Aufgaben, die auf sie warten. Laß sie ihr kostbares Leben wieder spüren.
Gemeinde: Kyrie eleison
Wir bitten für die – und uns alle –, die so viel von ihrer Lebenszeit mit Zweitrangigem verplempern und Nichtiges zu wichtig nehmen: Gib ihnen einen guten Sinn für sich selbst und für die Menschen, denen sie begegnen. Gib ihnen Mut zu sich selbst.
Wir bitten auch für die Verängstigten und Schüchternen, die Mausgrauen und Unscheinbaren, für die, über die man lacht, die leicht untergebuttert werden: Schick ihnen einen Engel, der ihnen sagt, daß sie schön sind. Bewahre sie davor, sich selbst zu verachten.
Gemeinde: Kyrie eleison
Herr, wir bitten dich: Bewahre uns vor solchen Ängsten, die uns dazu verleiten, uns an Menschen und Dinge zu klammern; bewahre uns vor Todesängsten. Aber gib uns doch auch eine gesunde Angst um unser Leben; mach uns stark, gegen das Lebensfeindliche und Zerstörerische in unserer Welt mit aller Kraft zu kämpfen, damit diese Welt es verdient, deine Welt genannt zu werden. Amen

Entwurf einer Predigt

Liebe Gemeinde, sind Sie schon einmal umgezogen? Die meisten vermutlich sogar mehr als einmal. Ich kann nicht sagen, daß mir persönlich Umziehen besonderen Spaß macht. Umziehen macht Mühe, kostet viel Geld, macht unbehaust. Umziehen bedeutet Abschied. Vertraute Menschen und Straßen nicht mehr sehen – das tut ganz einfach weh. Umziehen macht auch unsicher. Was kommt da auf uns zu, am neuen Ort, unter fremden Menschen? Werden wir ein Zuhause finden?
Ich erinnere mich sehr genau an das Gefühl, das mich beschlich, als meine Eltern das erste Mal umzogen. Ich war noch nicht zehn Jahre alt. Als die Wohnung leergeräumt war, wanderte ich durch die Zimmer, in denen der Schritt hallte, und fragte dann meine Mutter: Können wir hier wieder herkommen, zu Besuch? Nein, erklärte meine Mutter, das gehe nicht. Die Wohnung würde dann anderen Menschen gehören. Da begriff ich zum erstenmal in meinem Leben, was »Nie

mehr« heißt und was Abschied ist. Ich würde nie mehr in diese Räume gehen können: Der Gedanke schnitt mir ins Herz, und es war ein ganz neuer Schmerz. Es war, ohne daß ich das hätte benennen können, ein Vorgeschmack von Tod, was mich da anwehte. Ich denke, vielen geht es so wie mir damals. – Aber einen kenne ich, dem bereitet der Gedanke an einen bevorstehenden Umzug gar keinen Schrecken. Im Gegenteil: er freut sich darauf, er sehnt sich sogar danach. Und das, obwohl er weiß, daß die alte Behausung, in der er jahrelang wohnte, abgebrochen wird. Der Umzug ist ein Abbruch – und trotzdem: Freude. Es gibt nur eine Erklärung für diese Freude: der Mann weiß, daß die neue Behausung überhaupt nicht mit der alten zu vergleichen ist. Nichts wird ihn an das alte Haus – ach, es ist eher ein Hüttlein! – erinnern. Alles wird neu und anders sein. Und nicht nur das: der Mann blickt voraus auf einen Umzug im doppelten Sinn. Einmal wird er das Hüttlein gegen ein paradiesisch schönes Haus vertauschen. Und dann wird er auch sich selbst umziehen. Er wird ein neues Gewand anziehen. Er selbst wird ein anderer sein, ein ganz ungeahnt anderer. Also: Er verbessert sich in jeder Hinsicht. Verständlich, daß man sich dann auf einen Umzug freuen kann.

Der umzugsfreudige Mann ist Paulus. Und der Umzug, auf den er sich freut, ist – aber hören Sie selbst!

Textlesung Vers 1–8 (Wilckens, Gute Nachricht oder Einheitsübersetzung)

Vielleicht ist es uns jetzt fast noch unverständlicher als vorher, daß einer sich gerade nach diesem Umzug so sehnen kann. Den Abbruch der irdischen Hütte, den Tod, empfinden wir doch fast immer wirklich als einen Abbruch des Lebens, eine Katastrophe. Kann übrigens sein, daß Paulus hier nicht damit rechnet, daß er sterben wird. Er erwartete wie alle Christen der ersten Generation, daß Christus zu seinen Lebzeiten wiederkommen würde, um das Gericht über die Welt zu halten. Und irgendwie spürt man die ganze Frische des jungen Christenglaubens aus den Worten des Paulus heraus: Das Seufzen wird ein Ende haben, wenn Christus kommt. Das Reich Gottes steht vor der Tür. Und wenn es eintritt – das kann gleich passieren –, dann gibt es Jubel, ewige Freude, Lichtglanz Gottes, und Gott und Mensch werden zusammen wohnen in der neuen Behausung, der neuen Stadt Jerusalem. »Die Hütte Gottes bei den Menschen!« Ist das nicht wirklich toll und zum Freuen? Ich kann Paulus gut verstehen.

Aber wie ist das mit uns? Freuen wir uns genauso wie Paulus auf den Umzug aus unserem Menschenhaus in das Haus Gottes, also ohne Bild: auf das, was nach dem Tod sein wird?

Ich denke, bei uns ist's genau umgekehrt. Wir hängen am Leben, wir sind hier zu Hause mit allen Fasern von Leib und Herz und Seele. Und uns graut vor dem Unbehaustsein, in das uns der Tod wirft ...

Weiterführung
Beispiele bringen für Liebe zum Leben; hier könnte auch eins der Kaschnitz-Gedichte zitiert werden, etwa »Die Ewigkeit«.
Dann: Kurze Aufnahme der Diskussion um die Sterbeerlebnisse möglich: Sterben ist anders, ein befreiendes, unendlich schönes Erlebnis ...
Aber Sterben ist nicht Tod. Was in unserem Tod sein wird, das weiß niemand. Da war noch niemand. Wir sagen immer: »nach« dem Tod, als sei er *ein* Punkt, den man hinter sich lassen kann. Aber ist nicht das Totsein ein ewiger Dauerzustand? Nach menschlichem Ermessen gibt es kein »nach« dem Tod.
Doch, sagt Paulus. Freut euch. Es gibt ein »Nach« und ein »Dann«. Ewig ist nicht der Tod, sondern das Leben. Nicht unbehaust werden wir sein, sondern ganz neu umhaust und umkleidet. Wir werden neu sein und von Angesicht zu Angesicht Gott schauen. Dies hier ist Fremde, gemessen an dem, was kommt, und wenn ihr euer Leben noch so schön und lebenswert findet.
Aber da ist *ein* Haken: Textlesung von Vers 9+10.
Ein unangenehmer Gedanke: der erste Raum in dem paradiesisch schönen Haus, nach dem Paulus sich sehnt: ein Gerichtssaal?? – Sicher, wir kennen alle Bilder, auf denen Christus als Richter dargestellt ist, der die Guten von den Bösen scheidet. Wir haben das auch im Evangelium vorhin gehört. Wir bekennen im Glaubensbekenntnis: »Von dort wird er kommen, zu richten die Lebenden und die Toten.« Und natürlich wissen wir auch, wie im späten Mittelalter die Kirche Menschen mit der Androhung des Jüngsten Gerichts und der Höllenstrafen geängstigt hat. Das doch nun nicht wieder! Das sind doch alles nur Bilder – – –.
Gewiß. Es sind Bilder. Aber was meinen sie? Wollen sie nur Angst machen? Oder ist noch etwas anderes dran?
Unser Verhältnis zum Gericht: *siehe Vorüberlegungen.* In Stichworten: Wir sind ernst genommen – wir müssen antworten, das gehört zu unserem Menschsein – wir wollen ins reine kommen, haben Sehnsucht nach Reinheit – aber auch Angst vor der Rechenschaft – das Gericht ist notwendig, auch für uns selbst. Das Ausmaß der Liebe Gottes, das Ausmaß der Schmerzen Gottes um uns, sichtbar am Kreuz, wird erst deutlich, wenn wir unserer Schuld in ihrem Ausmaß ansichtig gemacht werden, wenn wir sehen, wieviel Leben wir verfehlt haben auf unserer verzweifelten Suche nach Leben.
Gericht ist: an dem gelebten, ungelebten, verfehlten Leben nichts mehr ändern können. Wie beim Umzug, den ich als Kind erlebte, gilt: nie mehr. Es ist alles abgeschlossen. Es gibt keine Wiederholungen, Ausflüchte und Entschuldigungen. Ich glaube, die Höllenstrafen sind eine verharmlosende, weil verdinglichende Erfindung gegenüber dem, was es bedeutet, mit uns selbst schonungslos konfrontiert zu werden, und zwar nicht durch einen tobenden Richter, der im Volksgerichtshofstil geifert, sondern durch einen ernsten Bruder Christus, der uns am Maß seiner Liebe mißt und allein nach den Maßstäben der Liebe richtet. »Wir müssen offenbar werden vor dem Richterstuhl Christi«, sagte Paulus. Für

mich bedeutet das: Unsere Seele wird offenbar, wird nackt sein, so nackt, wie wir's uns gar nicht vorstellen können. Was werden wir vorzuweisen haben, wenn wir an der Liebe Christi gemessen werden? Vielleicht werden wir dann erst begreifen, was es heißt: Einer läßt Gnade vor Recht ergehen. Herr, erbarme dich über uns! Amen.

Alternative

Statt des Umzugsmotivs als Einstieg kann ich mir auch eine knappe Nacherzählung der Geschichte von Tolstoi »Der Tod des Iwan Iljitsch« vorstellen. Der befreiende Schluß der Geschichte könnte am Schluß der Predigt vorgelesen werden.
Für möglich halte ich auch, daß die Tolstoi-Geschichte überhaupt erst im letzten Teil der Predigt über das Gericht Verwendung findet. Ich kenne keine Geschichte, die ergreifender ausdrückt, was Gericht bedeutet.

Kontexte

Ich verweise auf die wunderbaren Gedichte von M. L. Kaschnitz: Die Ewigkeit – Nicht mutig – Ein Leben nach dem Tod – Auferstehung. Gerade die beiden letzten Gedichte nehmen die paulinischen Bilder vom Haus und vom neuen Gewand auf. (Fundort: Marie Luise Kaschnitz: Seid nicht so sicher. GTB Siebenstern 302)

Lothar Zenetti: »Der letzte Weg« und »Auferstehung« in: Die Stunde der Seiltänzer. Pfeiffer Verlag München 1982.

Leo Tolstoi: Der Tod des Iwan Iljitsch. Der Krebskranke erlebt Gericht, indem er auf dem Sterbebett sein vergangenes, sinnloses Leben bedenkt und zu verarbeiten versucht. Der Eintritt des Todes ist für ihn das Tor ins Leben *nach* dem Gericht.

Helder Camara, Mach aus mir einen Regenbogen. Mitternächtliche Meditationen. Pendo-Verlag Zürich, 5. Aufl. 1982, S. 25: »Wenn dein Boot, seit langem im Hafen vor Anker, dir den Anschein einer Behausung erweckt, wenn dein Boot Wurzeln zu schlagen beginnt in der Unbeweglichkeit des Kais: such das Weite. Um jeden Preis müssen die reiselustige Seele deines Bootes und deine Pilgerseele bewahrt bleiben.«
S. 46: »Eines Tages wird für jeden von uns die Sonne zum letztenmal aufgehn. Schwester Licht, wär es wohl möglich, mich zu warnen, wenn mein letzter Tag anbricht? Aber am besten ist noch immer der evangelische Rat, jeden Tag so zu leben, als sei es der letzte oder, besser noch, als sei es immer der erste.«
S. 58: »Wenn du dem Abbruch eines Baugerüsts beiwohnst, bewundre – selbstverständlich – das Gebäude, das erscheint. Denk aber auch an das Gerüst; denn es ist hart, Stütze gewesen zu sein während des Baus, unerläßlich für das Werk, und zur festlichen Stunde weggeschafft zu werden als Schutt.«

Bußtag

Predigttext: Jesaja 1,10–17
Martin Adam

Theologisch-homiletische Skizze

1. »Die Klammer, die die verschiedenen Stücke zwischen Vers 2 und 20 zusammenhält, ist die *Klage über die Beziehungslosigkeit:* Der Sohn hat sich von seinem Vater abgewendet; Israel hat seine Beziehung zu Jahwe verloren; Jerusalem ist von seiner Umgebung abgeschnitten; der Gottesdienst ist losgelöst von der Ordnung individuellen Verhaltens und kollektiver Verhältnisse in der Rechtspflege.« (H. Glitsch, in: Predigtstudien III/2, Stuttgart 1975, S. 252) Jesaja verliest hier seiner Gemeinde ihre Krankengeschichte, die die Geschichte ihres Versagens gegenüber Gott und den Mitmenschen zugleich ist. »Israel ist wie ein Körper, der sich in seine Bestandteile auflöst: Sein Leiden ist die *Beziehungslosigkeit* ... Hier liegt der Ansatz für meine Predigt: *Die selbstverhängte Isolation und ihre Aufhebung durch das Lernen, Gutes zu tun.«* (Glitsch a.a.O.)

2. Jede Predigt hat ihre eigene Art. Die Art des Jesaja hier wird jeder als *typische Moralpredigt* bezeichnen: ein aufs höchste erbitterter Prediger; starke Worte, ja Beschimpfungen für die Hörer (»Sodomsfürsten«, »Gomorravolk«); anprangern von frommer Heuchelei, die gleichzeitig einhergeht mit gemeinschaftschädigendem Lebenswandel; ankündigen des göttlichen Gerichtszornes. Die Situation dabei ist immer die gleiche: unter allerhöchstem Donnerwetter geducktes Gemeindevolk. Und weil der Moralprediger keine sofort aufsteigende Reue feststellen kann in den Reihen der erschreckten oder einfach gelangweilten Gemeinde, mag er versucht sein, darin »Verstocktheit« zu sehen. Vielleicht gibt ihm seine traurige Wut darüber die Worte des »Pater Filuzius« von Wilhelm Busch in den Sinn: »Anderseits bemerkt man dieses / nur mit großem Herzeleid: / Ach, man will auch hier schon wieder / nicht so wie die Geistlichkeit!«

3. Ich lasse mich nicht darauf ein, nach Art des Jesaja eine donnernde Moralpredigt zu halten. Für so einen Auftritt als theologischer Schreihals sehe ich in meiner »Normalgemeinde« und auch am Bußtag keinen Anlaß (außerdem ärgere ich mich über die auffällige Tendenz der Verantwortlichen, für den Bußtag vorzugsweise »Gerichtstexte« auszuwählen!)

So folge ich lieber und mit gutem Gewissen dem *Grundgedanken des Jesaja,* der auch hinter dieser Moralpredigt wenigstens in Umrissen auftaucht und bis heute wichtig ist: Das richtige Gottesbild, das wahre Wesen Gottes wird hier freigelegt, und die Gemeinde wird neu darauf verpflichtet mit ihrem Glauben *und* ihrem Leben. Jesaja will Gott aus dem (goldenen) Käfig befreien, in den ihn diejenigen verbannen, die ihn nur im Gottesdienst suchen und dort mit Opfern überfüttern, ihn ansonsten aber einen guten und harmlosen alten Mann sein lassen, an dem das »wirkliche« Leben vorbeiläuft. »Jesaja (deklariert) hier die Opfer, Festversammlungen und Gebete für wertlos, ja für eine Beleidigung und Belästigung seines Gottes, weil sie den Menschen nur dienen sollen, um sie vor Gottes Anspruch auf ihr ganzes Leben zu schützen ... Will sich der Mensch mit ihnen vor Gott in Sicherheit bringen, so werden sie zur Gotteslästerung: das Opfer zum Mittel der Selbstrechtfertigung, die Feier zum Anlaß bloßer, gefühlsmäßiger Erhebung und das Gebet zum sinnlosen, feigen oder heuchlerischen Geplärr.« (O. Kaiser, Der Prophet Jesaja 1–12, ATD Bd. 17, Göttingen 1963², S. 13) Damit gibt Jesaja dem Kultus und allen Zeremonien ihren richtigen Platz; sie sind zugleich Richtungsweiser ins Leben und zum Nächsten, indem sie Gottes Hausaufgaben verteilen. »Das ist eine wunderbare Predigt, in welcher man sieht, daß Gott sich schier mehr des Dienstes gegen den Nächsten annimmt als seines eigenen Dienstes. Denn in seiner Seele, und soviel es ihn betrifft, vergibt er alle Sünde und will's nicht rächen, was wir wider ihn getan haben. Umgekehrt aber, wenn wir uns gegen unseren Nächsten übel verhalten, so will er mit uns auch uneins sein und gar nichts vergeben.« (M. Luther, in: Luther Deutsch, hg. v. K. Aland, Bd. 8: Die Predigten, Stuttgart 1965², S. 289)

4. Ich als christlicher Prediger dieses Jesaja-Textes sehe mich beauftragt, meinen Hörern (mich selbst eingeschlossen) die Augen zu öffnen für Gottes wahres Wesen und ernstes Wollen. Gott läßt sich nicht auf ewig einsperren in abgegrenzte »heilige Räume« und fromme Innerlichkeit. Er wohnt überall und stellt uns überall vor seine Aufgaben: Gottesdienst als Dienst am Menschen und an der Welt. Wenn dieser die ganze Wirklichkeit betreffende Gottesdienst unterbleibt und Gott eingesperrt wird in den kultischen Käfig (Religiosität als feierliche, aber sonst wirkungslose Dekoration gewisser Lebensabschnitte), dann folgt darauf die Strafe: Die gottlos behandelten Menschen stehen eines Tages auf gegen uns, und die zerstörte Umwelt zerstört unser Lebensgefüge – es sei denn, wir kehren um, weil wir zur besseren Einsicht in Gottes wahres Wesen und Wollen gekommen sind.

Das also kann Jesaja bei uns bewirken: daß wir noch rechtzeitig zur besseren Einsicht kommen, unsere Sünden der Vergangenheit als Folgen unseres falschen Gottesbildes erkennen und uns zur Umkehr ins gottwohlgefällige Leben rufen lassen. Lieber aus der Gemeinde heraus Selbstkritik üben, als in Selbstzufriedenheit steckenbleiben und von den bösen Folgen überrollt werden.

5. Der *thematische Zusammenhang unseres Textes mit Römer 12,1 ff.* ist leicht zu erkennen. »Entweder ist das ganze christliche Leben Gottesdienst und geben die Versammlungen und sakramentalen Handlungen der Gemeinde dafür Ausrüstung und Wegweisung, oder die letzteren werden faktisch ad absurdum geführt. Nicht der Kult trägt das Leben, obgleich dieses der Stärkung, Tröstung und stets neuen Verankerung im spezifisch gottesdienstlichen Geschehen bedarf.« (E. Käsemann, An die Römer, HNT Bd. 8a, Tübingen 1973, S. 312) »Damit wird der Anspruch erhoben, daß Christen im Blick auf den neuen Äon der Vernunft besser Rechnung zu tragen vermögen, als die Welt es im allgemeinen tut. Paradoxerweise erfolgt das gerade auch dort, wo sie, göttlichem Willen entsprechend, sich den Trends dieser Welt widersetzen und das dieser scheinbar Unvernünftige tun, wie Gott selber es in der Sendung des Sohnes ans Kreuz getan hat.« (Käsemann a.a.O., S. 316)

6. Das *Ziel meiner Predigt* am Bußtag ist nicht, die Gemeinde wegen ihrer Verfehlungen abzukanzeln. Vielmehr möchte ich Mut dazu machen, die gestörte Beziehung zu den anderen und zur Umwelt als Folge unseres falschen Gottesbildes zu erkennen (Erkenntnis unserer Sünde, Reue). Durch Jesaja und dann endgültig durch Jesus gewinnen wir das richtige Bild von Gottes Wesen (Erkenntnis des richtigen Weges: Zusammengehörigkeit

von Gott und Schöpfung, Glauben und Alltagsexistenz). Der Spielraum zum besseren Handeln, der uns noch bleibt, fließt aus der Güte Gottes: es ist noch nicht »gar aus« mit uns (Chance zur Umkehr). Unser Leben kann der wahre Gottesdienst werden, sofern wir Gott nicht länger in immer andere Gefängnisse sperren, sondern zur ganzen Welt kommen lassen.

Vorschläge für die Liturgie

Lieder

118,1–4; 254,4–7; 277

Lesung

Psalm 50,7–23; Psalm 51,3–6.11–19; Mal. 2,17 u. 3,1–7; Römer 12 (Auswahl)

Schlußgebet

Herr, dein ernstes Wort hat unsere Schuld aufgedeckt. Wir wollten dich zu gerne gefangenhalten im Abseits. Du könntest den Himmel und die Moral hüten, wir die Welt beherrschen mit allem, was wirklich zählt. Wir liebten die klar getrennten Verhältnisse und blieben zu gerne ungestört von dir. Aber dein Wort hat uns eingeholt und öffnet das Gefängnis, das wir dir gebaut haben im Abseits, im feierlichen Gotteswinkel, fernab vom wirklichen Leben. Du kommst frei und durch Jesus Christus mitten hinein in unseren Alltag.

Wir bitten jetzt nicht nur um Gnade. Die allein würde uns noch nicht besser machen. Nein, Herr: Wir bitten um die Kraft, ein neues Leben anzufangen. Wir bitten, daß du uns abgibst von deiner Menschenfreundlichkeit: damit wir anderen Menschen tun, was deine Liebe zu tun befiehlt. Wir bitten, daß du uns abgibst von deiner Furchtlosigkeit: damit wir Mut gewinnen, denen beizustehen, die überall weggeschickt werden. Wir bitten, daß du uns abgibst von der Fröhlichkeit und Sorglosigkeit, die Jesus an den Tag legte: damit wir nicht dauernd unsere Person an die erste Stelle setzen, sondern auch unseren Nächsten lieben, wie uns selbst.

Herr, laß uns leben in deiner Freiheit! Nur dann bauen wir nicht immer neu Käfige für dich; nur dann lassen wir dich den freien Herrn sein; nur dann machen wir deiner Liebe und Gerechtigkeit Platz in der Welt.

Herr, wir danken, daß uns noch Zeit geschenkt wird, Gutes zu tun. Amen.

Vorschläge für die Predigt

Möglicher Anfang

Es ist das Jahr 1789 in Paris, am Vorabend der Französischen Revolution. Das verarmte und geschundene Volk wird immer unruhiger. Man teilt der Königin Marie Antoinette mit, das Volk werde unruhig, weil es keinen Bissen Brot mehr habe. Die Antwort der überraschten Königin: »Haben die Leute kein Brot, so sollen sie Kuchen essen.« – Ihr Mann, König Ludwig XVI., ist ein begeisterter Jäger. Am 14. Juli 1789, als das erregte Volk das Bastille-Gefängnis stürmt und so die Revolution ins Rollen bringt, schreibt der König, allein mit seinem Jagdpech befaßt, ins Tagebuch: »Rien« (nichts geschossen).

So leben sie, zwei Gefangene im goldenen Käfig, blind gemacht und abgeschirmt vom schreienden Elend großer Teile des eigenen Volkes. Jahrelange Mißernten, riesige Inflation, Lebensmittelknappheit, Massenarbeitslosigkeit. Aber am Königshof Luxus und rauschende Feste. 4000 Personen Hofstaat, Maskenbälle mit 13000 Gästen, allein der Garten von Schloß Versailles kostete über 3 Millionen Mark, die Garderobe der Königin verschlingt jährlich 2 1/2 Millionen – und ein Arbeiter verdient im ehemals reichen Paris ganze 10 Mark am Tag! Das alles reißt die Revolution weg wie ein Sturzbach, und ein furchtbares Morden beginnt, das Rachenehmen und Abrechnen. Zu spät! Die Chance zur Umkehr, der Weg zu sozialer Gerechtigkeit war versperrt. Was für ein himmelweiter (und zum Himmel schreiender) Abstand zwischen dem Königspaar in seinem goldenen Käfig und dem leidenden Volk. Der allmächtige König, in Wahrheit ein Gefangener im eigenen Schloß, verblendet und von der Außenwelt abgeschnitten.

Zum weiteren Verlauf

Jetzt führe ich zum Predigttext hin: 700 Jahre vor Christus herrscht eine ähnliche Lage in Jerusalem. Leidendes Volk in bitterer Not, glänzende Hofhaltung, und vor allem: hochfeierliche festliche Tempelgottesdienste für Gott Jahwe. Sein Platz soll allein der Tempel sein, seine Speise die reichen Opfer, seine Wirkung soll sich beschränken auf Gebetserhörung und segnendes Schweigen. Ein im Tempel gefangener Gott. Draußen das erbitterte Volk, drinnen Jahwe, der von interessierten Kreisen nicht zu dieser Welt gelassen wird. Jesaja aber, der höchst unbequeme Mahner, deckt die Machenschaften auf: das Treiben der Mächtigen und die Gefangenschaft Gottes.

Lesung des Textes Jesaja 1,10–17

Eine befreiende Bußpredigt. Jesajas Worte sprengen die Schlösser an Gottes goldenem Käfig, lassen Gott frei, damit seine Güte und Gerechtigkeit hinaus zu allen Menschen kommen kann. Noch haben die oberen Kreise Zeit, umzukehren und zu lernen, wie man Gutes tut. Der Tempel darf Gott nicht länger gefangenhalten, wo im Gottesdienst menschenfeindliche Machthaber ihre frommen Sonntagsgefühle vorzeigen und ihre Religiosität wie einen Vorhang vor ihren allerheiligsten Gott Mammon ziehen. Jesaja stellt seine Gemeinde zur Rede, er deckt die gottlose Distanz auf zwischen frommen Sonntagsgefühlen und unbarmherzigen Alltagstaten. Gott wird von Jesaja allen Menschen wiedergege-

ben, den einen zum Gericht und zur Vergebung, den anderen zum Trost und menschenwürdigen Leben.
Ganz besonders *Jesus* läßt sich für solche Bußpredigt als Zeugen anführen. Jesus und sein Wirken (Beispiele) verstehe ich u. a. auch als *den gelungenen Befreiungsversuch Gottes.* Mit Jesus hat Gott den goldenen Käfig (z. B. des Himmels, auch des Dogmas) ein für allemal verlassen und ist zur ganzen Welt gekommen (Inkarnation).
Zu allen Zeiten sind die Versuche vielfältig, Gott zu fesseln und seine Liebe und Gerechtigkeit einzusperren. Beispiele: Gott (im selben Atemzug: die Kirche) soll zuständig sein nur für »das Religiöse«, eben alles Feierlich-Bedeutungslose; er soll die Kriege gewinnen helfen; er soll den eigenen Aufstieg absichern und die Zukurzgekommenen trösten und bei Laune und ruhig halten (Religion als Beruhigungsmittel). Im übrigen aber soll Gott sich gefälligst heraushalten aus dem Gang der Welt. Wir sind für klar getrennte Verhältnisse.
Durch Jesus von Nazareth hat Gott sich ein für allemal eingemischt in unsere innersten Angelegenheiten. Seit Jesus ist Gott überall da zu Hause, wo der Mensch dem Menschen gut ist.
Das französische Königspaar und der gesamte Hochadel mußten ihre Verblendung mit dem Leben bezahlen. Jesaja und Jesus zeigen: Gott gibt uns noch Zeit, umzukehren zum Guten! Umkehr ist Erkennen der schweren Fehler in der Vergangenheit (gegen sogen. »Feinde« aller Art, gegen die Umwelt als den fremden und eigenen Lebensraum, gegen den Frieden) und Abmildern der bösen Folgen. Umkehr zur Menschlichkeit ohne Ansehen der Person. Es ist höchste Zeit, Gottes wahres Wesen (Liebe, Gerechtigkeit) zu erkennen und ihn freizulassen, damit das Gute geschieht in der Welt.

Schluß
Ans Ende meiner Predigt setze ich ein *modernes Glaubensbekenntnis.* Es stammt von der Theologin Dorothee Sölle und beschreibt, wo Gott und Jesus Christus und Gottes Geist zu Hause sind, nämlich im ganzen Leben, überall wo Menschen wohnen. Gott darf nicht eingesperrt werden. Er verlangt die Freiheit, die er braucht, damit die Welt nicht zugrunde geht an uns bösen Menschen. – »Credo. Ich glaube an gott / der die welt nicht fertig geschaffen hat / wie ein ding das immer so bleiben muß / der nicht nach ewigen gesetzen regiert / die unabänderlich gelten / nicht nach natürlichen ordnungen / von armen und reichen / sachverständigen und uniformierten / herrschenden und ausgelieferten / ich glaube an gott / der den widerspruch des lebendigen will / und die veränderung aller zustände / durch unsere arbeit / durch unsere politik // Ich glaube an jesus christus / der recht hatte als er / ›ein einzelner der nichts machen kann‹ / genau wie wir / an der veränderung aller zustände arbeitete / und darüber zugrunde ging / an ihm messend erkenne ich / wie unsere intelligenz verkrüppelt / unsere phantasie erstickt / unsere anstrengung vertan ist / weil wir nicht leben wie er

lebte / jeden tag habe ich angst / daß er umsonst gestorben ist / weil er in unseren kirchen verscharrt ist / weil wir seine revolution verraten haben / in gehorsam und angst / vor den behörden / ich glaube an jesus christus / der aufersteht in unser leben / daß wir frei werden / von vorurteilen und anmaßung / von angst und haß / und seine revolution weitertreiben / auf sein reich hin // Ich glaube an den geist / der mit jesus in die welt gekommen ist / an die gemeinschaft aller völker / und unsere verantwortung für das / was aus unserer erde wird / ein tal voll jammer hunger und gewalt / oder die stadt gottes / ich glaube an den gerechten frieden / der herstellbar ist / an die möglichkeit eines sinnvollen lebens / für alle menschen / an die zukunft dieser welt gottes / amen

Kontexte

Der tolle Mensch

Habt ihr nicht von jenem tollen Menschen gehört, der am hellen Vormittage eine Laterne anzündete, auf den Markt lief und unaufhörlich schrie: »Ich suche Gott! Ich suche Gott!« – Da dort gerade viele von denen zusammenstanden, welche nicht an Gott glaubten, so erregte er ein großes Gelächter. Ist er denn verlorengegangen? sagte der eine. Hat er sich verlaufen wie ein Kind? sagte der andere. Oder hält er sich versteckt? Fürchtet er sich vor uns? Ist er zu Schiff gegangen? ausgewandert? so schrien und lachten sie durcheinander. Der tolle Mensch sprang mitten unter sie und durchbohrte sie mit seinen Blicken. »Wohin ist Gott? rief er, ich will es euch sagen! *Wir haben ihn getötet* – ihr und ich. Wir alle sind seine Mörder! ... Gott ist tot! Gott bleibt tot! Und wir haben ihn getötet! Wie trösten wir uns, die Mörder aller Mörder! Das Heiligste und Mächtigste, was die Welt bisher besaß, ist unter unseren Messern verblutet – wer wischt dies Blut von uns ab? Mit welchem Wasser könnten wir uns reinigen? Welche Sühnefeiern, welche heiligen Spiele werden wir erfinden müssen? Ist nicht die Größe dieser Tat zu groß für uns? Müssen wir nicht selber zu Göttern werden, um nur ihrer würdig zu erscheinen?« ... Man erzählte noch, daß der tolle Mensch desselbigen Tages in verschiedene Kirchen eingedrungen sei und darin sein Requiem aeternam deo angestimmt habe. Hinausgeführt und zur Rede gestellt, habe er immer nur dies entgegnet: »Was sind denn die Kirchen noch, wenn sie nicht die Grüfte und Grabmäler Gottes sind?« (Fr. Nietzsche, Fröhl. Wissensch. 125)

Nietzsche: »Gott ist tot!« Gott: »Nietzsche ist tot!« (aus mir unbekannter Quelle).

Vermutung: Ein Gott, der kirchenförmig gedacht wird, hindert die Kirche daran, gottesförmig zu werden. (K. Marti, Zärtlichkeit u. Schmerz, Darmstadt und Neuwied 1979, S. 108)

Wandzeitung beim Kirchentag in Frankfurt: »Es geht kein Mensch über die Erde, den Gott nicht liebt!« Darunter handschriftlich: »Gott liebt mich – aber wer schiebt mich?? (ein Rollstuhlfahrer).«

Kernenergie, Strafvollzug, Entwicklungspolitik, Ausländerintegration, Sterbehilfe, Abtreibung, Friedenspolitik, Ökologie – jedes Stichwort nennt einen Ort für Gottesdienst, eine Herausforderung an die christliche Gemeinde, dort präsent zu sein und den Willen Gottes Mensch werden zu lassen. Die Aufgabe, die Paulus (sc. in Römer 12) der Gemeinde stellt, ist nicht, eine geschlossene, eindeutige Meinung zu jedem aufkommenden Problemfeld zu haben, sondern *die Eröffnung eines kritischen Prozesses, der die Welt nicht sich selbst überläßt* ... Das bedeutet, *daß allgemein anerkannte Werte* (z. B. nicht lügen, Wachstum, Effizienz) *in Frage gestellt werden müssen,* wenn sie in Konflikt mit der christlichen Liebe geraten, die zum Beispiel einen Juden retten muß, die unser Wachstum nicht auf Kosten der Dritten Welt laufen lassen kann, die die Kinder, Kranken und Alten nicht bloßer Leistungskalkulation unterwerfen darf. (M. Stöhr, in: Predigtstudien II/1, Stuttgart 1979, S. 104f.)

Ewigkeitssonntag

Predigttext: 1. Petrus 3,8–13 (3–7)
Hans-Georg Lubkoll

Theologisch-homiletische Skizze

Der Text mit seinem Realismus – wir leben in einer Welt, über die die Abbruchverfügung schon ausgestellt ist – und mit seiner leidenschaftlichen Hoffnung – »neuer Himmel, neue Erde« – wirkt am letzten Sonntag des Kirchenjahres auf die Gemeinde fremdartig, vielleicht sogar enttäuschend. Nach wie vor wird ja der Ewigkeitssonntag in den meisten Gemeinden als »Totensonntag« begangen. Erwartet wird individueller Trost und nicht die kosmische Weite, die sich in 2. Petrus 3 auftut.
Die Erfahrungen, die man in der Seelsorge macht, verbieten es, die Perikope im Munde, überfallartig vorzugehen. Von der typischen Erwartungshaltung der Kirchgänger am Totensonntag muß eine Brücke zum Text gebaut werden. Die Predigt-Einleitung versucht es. Ziel: Aus der Engführung der Gedanken – »Meine Toten und ich« – sollen die Predigthörer herausgeführt und dazu verlockt werden, sich auf das weiträumige, universale Denken der Bibel einzulassen. Daß gerade darin der eigentliche Trost liegt, soll gezeigt werden. »Auch dich lockt er aus dem Rachen der Angst in weiten Raum, da keine Bedrängnis mehr ist ...« (Hiob 36,16)
Zu bedenken ist, daß die biblische Apokalyptik, die Rudolf Bultmann 1940 als »erledigt« bezeichnet hat, für unser allgemeines Weltgefühl eine neue Bedeutung gewonnen hat. Der Unterschied zu den biblischen Texten: Viele sehen nur die Katastrophe vor sich, nicht aber das Heraufkommen eines neuen Himmels und einer neuen Erde. Gegen die weitverbreitete düstere Erwartung, genährt von der heute häufigen Predigt eines Antievangeliums – »Fürchtet euch!« – muß die Predigt ankämpfen. Daß die Hoffnung keine Reise in ein Wolkenkuckucksheim ist, sondern das gegenwärtige Leben verändert, soll gezeigt werden.
Die Hoffnung zu nähren und zu stärken, ist das Ziel des folgenden liturgischen Entwurfes.

Vorschläge zur Liturgie

Als *Introitus* schlage ich Psalm 16,8–11 vor. Er nimmt die Erwartungen auf, die die Gemeinde am Totensonntag mit in die Kirche bringt. So wirkt der Auftakt zum Gottesdienst auf die Gemeinde nicht wie eine kalte Dusche. Im Introitus klingt aber auch schon das Predigtthema an: »Du tust mir kund den Weg zum Leben.«

Hinführung zum Kyrie

Jesus versteht es, wenn Menschen trauern und klagen. Er hat selbst am Grabe seines Freundes Lazarus geweint. Er sagt aber auch: Auferstanden bin ich und

bin nun immer bei dir. Ich lebe, und ihr sollt auch leben. Gemeinsam mit den Christen überall auf Erden danken wir ihm für die Hoffnung, die er uns gebracht hat, bekennen uns zu ihm und huldigen seinem Namen:
Kyrie eleison

Hinführung zum Gloria
Gott wird den Tod verschlingen ewiglich; und der Herr wird die Tränen von allen Angesichtern abwischen und wird aufheben die Schmach seines Volkes in allen Landen, denn der Herr hat's gesagt.
Gloria in excelsis

Kollektengebet
Herr, unser Gott, mit deinem Wort brichst du den Horizont unseres Lebens auf. Wir danken dir für die Hoffnung, mit der du uns beschenkst. Herr, wir glauben, hilf unserem Unglauben. Gib uns wache Augen für die Zukunft, die du uns zeigst – durch Christus, unseren Herrn.

Als *Lesung* schlage ich unter den 20 Texten, die für den Ewigkeitssonntag bzw. für den »Gedenktag der Entschlafenen« angeboten werden, Jesaja 65,17–25 vor. Diese Perikope korrespondiert mit dem Predigttext; so wird eine Überforderung der Gemeinde durch zwei unterschiedliche biblische Perspektiven vermieden.

Liedvorschläge
Zum Beginn 349,1–5; vor der Predigt 121,1–3; nach der Predigt 123,1–4. Die munteren Melodien schaffen ein Gegengewicht zu der für viele melancholischen Grundstimmung dieses Sonntags.

Vor dem Schlußsegen kann ein »Wort der Sendung« eingefügt werden, etwa so: »Im Blick auf das Ende dieser Welt, von dem wir in der Predigt gehört haben, sagt Christus: Wenn aber dieses anfängt zu geschehen, so sehet auf und erhebet eure Häupter darum, daß sich eure Erlösung naht.«

Vorschläge für die Predigt
Möglicher Anfang
Liebe Gemeinde! Dieser Sonntag im November, der letzte vor dem Beginn der Adventszeit, ist für viele ein dunkler, ein melancholischer Tag. Vor allem für diejenigen, die seit dem Totensonntag vor einem Jahr einen Menschen hergeben mußten, den sie geliebt haben. Aber auch für viele, die nicht unmittelbar von einem Todesfall betroffen sind, ist dieser Tag auf Moll gestimmt. Die typische Totensonntagsstimmung hat vor hundert Jahren der Dichter Detlev von Liliencron

so ausgedrückt: »Der Tag ging regenschwer und sturmbewegt; ich bin an manch' verlaß'nem Grab gewesen; die Namen überwachsen, kaum zu lesen ...«

Wer heute seine Trauer in die Kirche mitgebracht hat, hat eine Erfahrung gemacht: Die eigenen Gedanken schweifen nicht mehr in die Ferne. Sie gehen, immer wieder, einen schmalen Weg: Vom eigenen Ich zu dem Grab, das man in den letzten Tagen noch einmal vor dem Winter mit Liebe geschmückt hat, und von diesem Grab wieder zurück zum eigenen traurigen Ich. Bei vielen wächst auf diesem Weg die Einsamkeit, das Gefühl: Wer kann mich schon verstehen? Darf man es einem Trauernden zumuten, den schmalen Weg – vom eigenen Ich zu einem Grab und wieder zurück – wenigstens vorübergehend zu verlassen? Sich auf das Nachdenken über größere Zusammenhänge einzulassen? Mehr zu sehen als den schmalen Weg, den man täglich in Gedanken geht? Das biblische Wort für diesen Sonntag lädt uns dazu ein. Es führt uns einen Weg, der für einen Trauernden nicht selbstverständlich ist. Aber vielleicht wächst gerade am Rande dieses Weges, der zu einigen »Aussichtspunkten« führt, eine neue Hoffnung. Dafür können wir uns öffnen.

Ich lese das biblische Wort für die Predigt dieses Sonntags vor (2. Petrus 3,8–13).

Zwischenüberlegung zur Dramaturgie und Strukturierung des Predigtfortganges

Es wäre möglich, sich für die Predigtform der Homilie zu entscheiden, denn der Gedankengang des Textes ist im Aufbau klar und in sich schlüssig. Die Gefahr wäre eine Überladung der Predigt mit Gedankenfracht. Deshalb elementarisiere ich lieber und setze drei *Schwerpunkte:*

1. Die wiederentdeckte Zerbrechlichkeit und Todesverfallenheit unserer Welt. Die biblische Enderwartung als Korrektur der heute weitverbreiteten Weltuntergangsstimmung. Zuversicht anstelle der Wehleidigkeit.
2. Die uns noch verbleibende Zeit ist ein Raum für die Heimkehr zu Gott (Vers 9) und die Möglichkeit, wahres, erfülltes Leben zu suchen (Vers 11). »Manchmal stehen wir auf, stehen wir zur Auferstehung auf mitten am Tage ...« (Marie Luise Kaschnitz).
3. Der »neue Himmel« und die »neue Erde« war das große Predigtthema Jesu. Seine Botschaft vom Reich Gottes gibt unserem Leben einen weiten Horizont und eine neue Zukunftsgewißheit. Sie ist die eigentliche Therapie für alle Trauernden. Dies als Predigtschluß, der den Beginn der Predigt noch einmal aufgreift.

Fortgang der Predigt nach der Textverlesung

Soweit der Abschnitt aus dem 2. Petrusbrief. Wir hören ihn heute ganz anders als die Menschen, die vor 70 Jahren gelebt haben. Damals hat man etwa so ge-

dacht: »Der berühmte Professor Ernst Haeckel in Jena hat nachgewiesen, daß die Materie »ewig« ist. Seine Erkenntnis spricht sich immer mehr herum, sein Buch »Die Welträtsel« hat bereits eine Auflage von 7 Millionen erreicht. Die Menschen sind klüger geworden und durchschauen jeden Aberglauben viel leichter als früher. Die Himmel zergehen mit großem Krachen, die Erde und alles, was auf ihr steht, soll verbrennen? Das sind doch Ammenmärchen, aus der Angst geborene längst überholte Vorstellungen. Das alles glaubt doch kein aufgeklärter Mensch mehr!«
Viele haben vor 70 Jahren den Abschnitt aus dem 2. Petrusbrief, den wir vorhin gehört haben, verachtet. Das ist anders geworden; wir lesen den 2. Petrusbrief wieder mit Respekt und sehr nachdenklich.

Weiterer Verlauf (skizziert)
Unsere Erde ist zu einem hochexplosiven Planeten geworden. An Bord des Raumschiffes »Erde« tickt eine Zeitbombe. – Mögliche Alternative: Unsere Konfirmanden haben sich über den Abschnitt aus dem 2. Petrusbrief im letzten Unterricht ihre Gedanken gemacht. An die Konfirmanden gewendet: »Ich lese vor, was euch eingefallen ist und was ihr an die Tafel geschrieben habt.« So wird den Konfirmanden bewußt, daß auch sie zur Predigt beigetragen haben; das ehrt sie.
Wörtlich: Unsere Konfirmanden haben aber auch gesagt: »Der 2. Petrusbrief redet vom Weltuntergang, aber er tut es ganz anders als die Menschen in unserer Zeit, die die nächste Zukunft schwarz in schwarz malen. Der Mann, der den 2. Petrusbrief geschrieben hat, sieht zwar die Katastrophe kommen, aber sie ist für ihn nicht das Ende, nicht das endgültige Aus. Mit ihr schafft Gott eine ganz neue Welt, einen neuen Himmel und eine neue Erde.«
Das haben unsere Konfirmanden richtig beobachtet. Und wir, die Erwachsenen, können uns überlegen: Die Gefahr, die die ganze Menschheit bedroht, ist tatsächlich sehr groß; nur ein Blinder sieht das nicht. Die Frage ist nur, ob wir uns von der Angst fressen lassen und den Predigern des Anti-Evangeliums recht geben, die nichts anderes zu sagen wissen als »Fürchtet euch!« Oder ob wir uns an den verwegenen Lebensstil des Neuen Testamentes halten: Was auch kommen mag – am Ende siegt Gott, und wir sind in seiner Hand.
Skizzierter Fortgang: Der Abschnitt aus dem 2. Petrusbrief ist eine Predigt gegen die Angst. Er verhilft uns damit zu einem Leben, das diesen Namen verdient. Es geht nicht um eine Vertröstung auf die Zukunft, sondern um Befreiung zum gegenwärtigen Leben. Was auch alles in der Zeitung stehen mag – Essen und Trinken, Arbeit, Freizeit und die Liebe schmecken erst dann, wenn wir nicht mehr die Sklaven unserer Ängste sind. – In diesem Abschnitt geht es darum, kraftvoll zu intonieren.
Wörtlich: Der Nachdenkliche weiß: Wir können nicht mehr so oberflächlich-optimistisch und harmlos denken wie die Menschen vor 70 Jahren. Die Welt ist tat-

sächlich »aus den Fugen« (Shakespeare). Es gibt nur zwei Möglichkeiten: Entweder beim Nachdenken über die nächste und fernere Zukunft vor Angst schlottern, oder sich das verwegene Lebensgefühl des Neuen Testamentes zu eigen machen, so gut es einem gelingt. Wie man das macht? Etwa so: Man schreibe sich ein Wort Jesu auf, aus dem die Hoffnung nur so heraussprüht, und lese es, immer wieder einmal, möglichst täglich. Ich nenne gleich ein solches Wort: »Wenn aber dieses anfängt zu geschehen, so sehet auf und erhebet eure Häupter darum, daß sich eure Erlösung naht.« Unsere Konfirmanden haben dieses Wort Jesu auf Karten geschrieben. Sie liegen am Ausgang aus; Sie können, wenn Sie wollen, nachher eine solche Spruchkarte mit nach Hause nehmen.

Skizzierter Fortgang: Noch steht unsere Erde, noch atmen wir. Wir leben in einer Welt, für die die Abbruchverfügung schon ausgestellt ist? Das biblische Wort für diesen Sonntag gibt zwei ganz konkrete Weisungen: »Buße tun« und »geschickt sein in heiligem Wandel«. Die Buße hat eine »Außenseite« und einen »Kern«! Zur Außenseite gehört unser sichtbares und hörbares Verhalten in der Familie, im Straßenverkehr und anderswo. Der »Kern« der Buße ist ein neues Sich-Öffnen für Gott, das Lauschen auf sein Wort, Vertrauen zu ihm, anstatt alles ausschließlich von der eigenen Kraft zu erwarten. Buße tun heißt vor allem: Ich will näher hin zu Gott. Wie ein erster Schritt aussehen kann, muß jeder für sich überlegen. Worin der erste Schritt besteht, wissen wir in der Regel genauer, als wir es zugeben wollen.

»Geschickt sein in heiligem Wandel.« Zugegeben, das klingt altmodisch und ein wenig verstaubt. Doch überlegen wir: Ein »unheiliger Wandel« besteht darin, daß jemand gegenüber einem Menschen in seiner Umgebung einen Liebesentzug begeht. Dann stirbt ein Mensch mitten im Leben, mit intaktem Kreislauf und bei vollem Bewußtsein, einen »kleinen Tod«. Der Schmerz kann dann so groß werden, daß er die Hoffnung vernichtet, auch die Hoffnung im Blick auf einen Toten, den man geliebt hat.

Wörtlich: Geschickt sein in heiligem Wandel heißt: Einem Menschen, der in seinem Schmerz einen »kleinen Tod« gestorben ist, wieder zu einem wirklichen Leben zu verhelfen. Die Liebe kann das. So gesehen ist der »heilige Wandel« alles andere als eine ängstliche, verklemmte und kümmerliche Lebensführung. Er kann Menschen dazu verhelfen, mit der Dichterin Marie Luise Kaschnitz zu sprechen:

»Manchmal stehen wir auf
stehen wir zur Auferstehung auf
mitten am Tage«

(vollständiger Text unter den »Konkretionen« im Schlußteil).

Skizzierter Fortgang: An die »Auferstehung mitten am Tage« ist gar nicht so schwer zu glauben; wir alle haben sie ja schon mehrmals erlebt. Aber die Auferstehung, die uns in die Welt Gottes bringt, die der 2. Petrusbrief »neuen Himmel« und »neue Erde« nennt? Auch ein Prediger ist nicht frei von Zweifeln. Wie geht er mit ihnen um? Er verwandelt seinen Zweifel in ein Gebet und sagt: Wörtlich: Herr Jesus, ich habe immer wieder erlebt, daß dein Wort wahr ist und mein Leben heller macht. Was du sagst, wirft immer wieder ein neues Licht auf mein Leben, und ich denke: Ja, so ist es! Ich weiß auch, was deine große Leidenschaft war, das Thema, das du unermüdlich und mit heißem Herzen gepredigt hast: das Reich Gottes. Und du hast uns ja auch zu beten gelehrt: Dein Reich komme! Warum sollte ich nicht an deine Botschaft vom Reich Gottes, von einem neuen Himmel und einer neuen Erde, glauben, da ich dir doch sonst alles andere glaube? Herr, laß mich nicht zum Narren werden!

Predigtschluß
Zurück zum Anfang der Predigt: Wir haben, so gut uns das gelungen ist, Anteil genommen an denen, für die dieser Sonntag ein schwerer Tag ist, weil sie um einen Menschen trauern, den sie geliebt haben und noch immer lieben. Manchmal denken die Trauernden: Gibt es vielleicht doch ein neues Leben nach dem Tode? Sie denken an ein mögliches Jenseits, aber dieses Jenseits bleibt verschwommen, undeutlich, farblos; es verschwimmt im Nebel.
Gegen diesen Nebel stellt Jesus seine Predigt vom Reich Gottes. Der zweite Petrusbrief nimmt das auf und zitiert aus dem Alten Testament: Neuer Himmel, neue Erde! Das sind keine unfaßlichen, verschwommenen Bilder, denn Jesus hat von Gottes neuer Welt so gesprochen, daß wir eines verstehen: Es wird Freude sein! Er hat das Reich Gottes zum Beispiel als Hochzeit und als festliches Mahl dargestellt. Das sind Hinweise, die ganz sicher von der künftigen Wirklichkeit weit übertroffen werden. »Und hab' ich mir dies alles zu irdisch ausgedacht – Herr, laß mich's schöner finden in ungeahnter Pracht« (Wilhelm Löhe).
Liebe Christen, die Sie an diesem Sonntag noch intensiver als sonst an den Menschen denken, den Sie verloren haben: Suchen Sie Ihren Toten nicht im verschwommenen Jenseits oder gar im abgrundtiefen Nichts. Suchen Sie ihn dort, wo einmal auch unsere Heimat sein wird, und denken Sie: Neuer Himmel, neue Erde! Das ist nur eine an Sie gerichtete Bitte, aber diese Bitte verwandelt sich in mir zu einem Gebet an den Christus, der Sie liebt.

Konkretionen

»Manchmal stehen wir auf
stehen wir zur Auferstehung auf
mitten am Tage
mit unserem lebendigen Haar
mit unserer atmenden Haut.
Nur das Gewohnte ist um uns.

Keine Fata Morgana von Palmen
mit weidenden Löwen
und sanften Wölfen.
Die Weckuhren hören nicht auf zu ticken
ihre Leuchtzeiger löschen nicht aus.
Und dennoch leicht
und dennoch unverwundbar
geordnet in geheimnisvoller Ordnung
vorweggenommen in ein Haus aus Licht.«
Marie Luise Kaschnitz.

Ernst Bloch: »Die Erde insgesamt, in ihrer Erwartungshaltung, ist der unfertige Raum einer Szene, deren Stück in unserer bisherigen Geschichte noch keineswegs geschrieben worden ist.«

Wolf-Dieter Marsch: »Das Grundthema ... ist die noch ungewordene, noch ungelungene Heimat.«

Reinhold Schneider: »Das Wesen der Geschichte können wir nur verstehen aus dem, was uns von ihrem Ende offenbart wurde.«

Gabriel Marcel: »Die Hoffnung ist die Substanz der Seele.«

Die Mitarbeiter

Pfarrerin Ingrid Adam, Egelsbach. Pfarrer Martin Adam, Egelsbach. Pfarrer Henning Behrmann, Reinhausen. Dekan Georg Blum, Hainburg. Dekan Dr. Friedhelm Borggrefe, Ludwigshafen. Pfarrer Klaus Peter Edinger, Neustadt. Pfarrer Jürgen Fliege-Schüller, Aldenhoven. Pfarrer Karl-Behrnd Hasselmann, Gelnhausen. Pfarrerin Oda-Gebbine Holze, Hannover. Pfarrer Reinhold Kalden, Wolfhagen. Pfarrer Helmut und Imogen Liersch, Groß Elbe. Pfarrer Hans-Georg Lubkoll, München. Pfarrer Dr. Wolfgang Lück, Darmstadt. Pfarrer Klaus-Dieter Makarowski, Alfeld. Pfarrer Hans Reinhard Rapp, Laatzen. Oberstudienrat Jürgen Schwarz, Kassel. Pfarrer Michael Schwekendiek, Schneverdingen. Pfarrer Ulrich Stiehler, Essen. Pfarrer Dr. Peter Weigandt, Kassel.

Verzeichnis der Predigttexte Band I–VI